Karl Vollmöller

Erstes Beiheft zu: Über Plan und Einrichtung des

Romanischen Jahresberichtes

Karl Vollmöller

Erstes Beiheft zu: Über Plan und Einrichtung des Romanischen Jahresberichtes

ISBN/EAN: 9783337817855

Hergestellt in Europa, USA, Kanada, Australien, Japan

Cover: Foto ©ninafisch / pixelio.de

Weitere Bücher finden Sie auf **www.hansebooks.com**

Erstes Beiheft

zu

Über

Plan und Einrichtung

des

Romanischen Jahresberichtes.

Von

Karl Vollmöller.

Erlangen.

Verlag von Fr. Junge.

1897.

Ein Jahr nach dem Erscheinen meiner Schrift „Über Plan und Einrichtung des Romanischen Jahresberichtes", Erlangen 1896, bringe ich hiermit das versprochene erste Beiheft mit der Chronik des Jahresberichtes.

Der seiner Zeit entworfene Plan des Unternehmens hat privatim und öffentlich den Beifall der Fachgenossen gefunden. Leider konnte er, wie schon auf dem Umschlag von Band II Heft 1 mitgeteilt, in Band II und III von Band II Heft 3 an nicht mehr durchgeführt werden, da es dringender Wunsch des Verlegers war, dass die Unterrichtslitteratur, welche nach dem Plane erst am Schluss des III. Bandes hätte erscheinen sollen, schon im II. Bande gebracht werde. Und so entschloss ich mich denn, diesen geschäftlichen Rücksichten die einzig richtige Anordnung des Stoffes zu opfern. Künftig wird der Plan nicht mehr umgestossen werden.

An neuen Mitarbeitern sind seit dem letzten Verzeichnis folgende eingetreten:

Dr. Emilio Bertana, Direktor des R. Ginnasio Internazionale zu Turin.

F. Baron Bethune, Professor an der Universität Löwen.

Dr. Friedrich S. Krauss, Wien.

Dr. Max Manitius, Dresden.

Alois Menghin, Oberlehrer und Leiter der gewerblichen Fortbildungsschule, Meran.

Dr. Michael Petschenig, Prof. am II. Staats-Obergymnasium zu Graz.

Karl Reinhard, Lehramtspraktikant an der Oberrealschule in Heidelberg.

L'Abbé Rousselot, Professor an der École libre des Hautes Études und Direktor des Laboratoire de Phonétique expérimentale du Collège de France, Paris, mit den Schülern des Laboratoire de Phonétique expérimentale.

Dr. Hermann Stadler, Gymnasiallehrer am Maximiliansgymnasium in München.

1*

Adolphe Zünd, de l'École des Hautes Études, Professeur de
langues vivantes, Paris. Als **Mitredakteur** ist neu eingetreten:
Vittorio Rossi, Pavia (italienische Literatur).
Ferner sind viele **Abkürzungen** für Zeitschriften u. s. w. neu
hinzugekommen, welche weiter unten S. 16 ff. mitgeteilt sind und
von denen Kenntnis zu nehmen ich die Herren Mitarbeiter freund-
lichst bitte.

Eine grosse Erweiterung hat die **Bibliographie** gefunden, die
sich jetzt, einschliesslich der während des Druckes dazu gekommenen,
auf 1683 Nummern beläuft und S. 21 ff. abgedruckt ist.

Auf der Kölner Philologenversammlung habe ich am 27. Sept.
1895 einen Vortrag über den Romanischen Jahresbericht gehalten,
über welchen die Verhandlungen der dreiundvierzigsten Versammlung deutscher Philologen und Schulmänner in Köln vom 24. bis
28. September 1895. Im Auftrage des Präsidiums redigiert von
E. Oehley-Köln, Leipzig 1896, S. 120 f. den nachstehend abge-
druckten Bericht gebracht haben:

„Die Reihe der Vorträge schliesst mit einem Bericht des Pro-
fessors Dr. Karl Vollmöller-Dresden über seinen „Kritischen
Jahresbericht über die Fortschritte der romanischen
Philologie". Redner verbreitet sich näher über 1. Zweck und
Ziele, 2. Plan und Einrichtung, 3. bisherige Schicksale
und künftige Gestaltung seines Berichtes. Derselbe soll zum
erstenmal eine zusammenhängende Darstellung der gesamten Leistungen und Fortschritte auf dem Gebiet der
romanischen Philologie und ihrer Grenzwissenschaften
innerhalb eines jeden Jahres dem Leser darbieten. Über die
Zweckmässigkeit und Notwendigkeit eines solchen Unternehmens
dürfte wohl kaum ein Zweifel bestehen. Denn die romanische
Philologie empfindet mehr und mehr ein dringendes Bedürfnis nach
einer periodisch-kritisch zusammenfassenden Darstellung
ihrer gesamten Forschungsresultate. Sie bedarf bei ihrem
Fortschreiten aber auch mehr und mehr der Resultate aller
Grenzwissenschaften. Über alle den romanischen Philologen
irgendwie angehenden Arbeiten auf den Grenzgebieten, z. B. der
lateinischen, germanischen, keltischen, semitischen Sprach- und
Litteraturwissenschaft, der Theologie, Geschichte und Rechtswissen-
schaft, der Kultur- und Kunstgeschichte, bringt der Jahresbericht

sachkundige Referate. Auch den besonderen Bedürfnissen des
Schulmannes soll er dienen. Die romanische Philologie verdankt
ihren Aufschwung während der letzten Jahrzehnte vornehmlich den
Anforderungen, welche die Schule stellte. So wird es stets ihr
Bestreben sein, den Sprach- und Litteraturunterricht mehr und
mehr zu durchgeistigen, ihn rationeller und bildender zu gestalten.
Es wird darum auch der Jahresbericht stets die direkt die Schule
angehenden grammatischen und litteraturgeschichtlichen Arbeiten,
die Textausgaben für die Schullektüre und alle einschlägigen päda-
gogischen Fragen, die in der Litteratur Behandlung gefunden haben,
in kritischen Referaten beleuchten.

Bei Besprechung der Schicksale seines Jahresberichts gedenkt
Redner des langen und auch für weitere Kreise interessanten Prozesses, welchen er mit dem früheren Verleger des Werkes gehabt
hat und aus dem er als Sieger hervorgegangen ist. Das 115 Folio-
seiten umfassende, für jeden Schriftsteller höchst wertvolle Urteil
dieses Prozesses legt Redner der Versammlung vor. Leider ist
durch den langen Streit mit dem Verleger das Erscheinen des Be-
richts mehrere Jahre unterblieben. Doch soll der nächste Band
gleich vier Jahre (1891 — 1894) umfassen, sodass das Unternehmen
wieder vollständig aufs Laufende kommt und doch keine Lücke
entsteht. Der grösste Teil des Manuskripts für diesen Band ist
bereits in den Händen der Redaktion. Die Leitung der Zeitschrift
liegt jetzt allein in den Händen des Redners. Einige Fachredakteure
stehen ihm zur Seite. Schliesslich bittet er um allseitige Unterstützung seines Unternehmens und empfiehlt es auch den Lehrer-
bibliotheken."

Um die letzte Jahreswende habe ich eine neue Schrift über
mein Unternehmen: „Der Kampf um den Romanischen Jahresbericht", Erlangen 1896, veröffentlicht, in welcher die widrigen
Umstände, welche das Erscheinen des I. Bandes hinauszögerten, vor
aller Augen klar gelegt worden sind. Dass dieser Schritt der einzig
richtige war, haben private und öffentliche Äusserungen genugsam
bestätigt. Erst durch diese Veröffentlichung konnte jeder Einzelne
sich selbst vom Thatbestand überzeugen. Ich kann es nicht unterlassen,
von den vielen Besprechungen, welche die Schrift bisher gefunden
hat, drei der interessantesten nachstehend abzudrucken. Die erste
giebt für diejenigen, welche die Schrift nicht durchgelesen haben,
einen kurzen Überblick über ihren Inhalt, die zwei andern stellen

kurz die sehr wertvollen Ergebnisse des Münchner Urteils für den litterarischen Verkehr, für das Verhältnis zwischen Autor und Verleger, zusammen.

1. **Franco-Gallia**, Kritisches Organ für französische Sprache und Litteratur. Herausgegeben von Dr. Adolf Kressner in Cassel. XIV. Jahrg. Nr. 3. März 1897. S. 38 f.

Einer der merkwürdigsten litterarischen Prozesse der neueren Zeit ist in vorstehender sehr interessanter Schrift, die in den beteiligten Kreisen grosses Aufsehen erregen wird, zum Nutzen und zur Belehrung aller Autoren und Verleger dargestellt, der Streit nämlich, welchen Prof. Dr. Vollmöller (Herausgeber des Romanischen Jahresberichtes) gegen die Verlagsbuchhandlung von R. Oldenbourg in München siegreich durchgekämpft hat. Diese Schrift ist für jeden Schriftsteller, Verleger und Juristen, aber auch für jeden Freund der Litteratur von grösstem Interesse, da in ihr wichtige grundlegende Fragen des litterarischen Lebens erörtert werden, die in obigem Prozess eine für den Schriftsteller ausserordentlich günstige richterliche Entscheidung erfahren haben. Die Schrift kommt jetzt ganz besonders zur rechten Zeit, da ein Gesetzentwurf über das Verlagsrecht in Vorbereitung ist.

Nach genauer Darlegung des dem Prozess zu Grunde liegenden wahren Sachverhalts druckt der Verfasser das sehr umfangreiche Urteil des königl. Landgerichts I München, eine hervorragende Leistung, die man noch nach Jahren und Jahrzehnten citieren wird, ab, und giebt zu einzelnen Stellen erläuternde Bemerkungen. Die Broschüre enthält also nur authentisches Material, welches streng sachlich bearbeitet ist. Alles, was der Verfasser vorbringt, kann er Punkt für Punkt beweisen. Das Urteil giebt in allen Stücken dem Verfasser, Prof. Vollmöller, Recht (es ist selten ein Prozess so glanzvoll gewonnen worden, wie dieser) und spricht somit eine glänzende Rechtfertigung desselben hinsichtlich seines Verhaltens zur Verlagsbuchhandlung aus. Ja, es stellt fest, dass selbst die gegnerische Verlagsbuchhandlung dem Verfasser kein Verschulden zur Last legte, der ausweislich der vorliegenden Korrespondenz seine Pflichten voll und ganz erfüllt hatte. Andererseits verurteilt das Gericht scharf das Verhalten der Verlagsbuchhandlung, das es einfach als Vertragsbruch bezeichnet. Die genaueren Ausführungen des Urteils enthalten äusserst interessante und wichtige Erörterungen über den Verlagsvertrag, das Verhältnis von Autor und Verleger, worin ohne Schädigung der Interessen des Verlegers dem Autor weitgehendste, aber nur billige Zugeständnisse gemacht werden, indem namentlich bei der Frage betr. Lieferung der Manuskripte zu einem Werke auf alle Lebensverhältnisse des Autors grösste Rücksicht genommen wird. Nach diesem Grundsatz ist denn auch das Urteil gesprochen und die Behauptung der Verlagsbuchhandlung, die beiden Herausgeber des Romanischen Jahresberichts hätten das Manuskript zu diesem Werke zu spät eingeliefert und deshalb ihre Pflichten nicht gehörig erfüllt, energisch zurückgewiesen. Es wurde im Gegenteil durch das Urteil festgestellt, dass die Herausgeber mit dem Manuskript für den Jahresbericht, ein ganz neues, wissenschaftlich hochbedeutsames Unternehmen, dessen Begründung und Einrichtung grosse Schwierigkeiten der verschiedensten Art mit sich brachten, früher als viele andere Jahresberichte auf dem Plane waren. Trotz der zeitweisen Behinderung des Mitherausgebers Dr. Otto hatte Prof. Vollmöller im November 1892 das Manuskript für den ganzen Band bereit, nachdem Heft 1 im Juli zur Ausgabe gelangt war.

Indem die Verlagsbuchhandlung obige Gründe (die nicht rechtzeitige Lieferung des Manuskripts) vorschützte, lehnte sie es ab, das Risiko des Unternehmens länger allein zu tragen und mutete den Herausgebern zu, das Werk auf ihre Rechnung herzustellen. Vollmöller ging darauf nicht ein, offerierte einen Vergleich, der nicht angenommen wurde, und leitete dann den Prozess ein.

Nähere Erörterungen gehören in eine Juristen- oder Schriftstellerzeitung, hier mangelt auch der Raum hierzu.

Am besten ist es, jeder Interessent liest die Schrift selbst durch; er wird dieselbe nicht ohne reiche Belehrung aus der Hand legen.

2. **Gewerblicher Rechtsschutz und Urheberrecht.** Zeitschrift des Deutschen Vereins zum Schutz des gewerblichen Eigentums unter Mitwirkung von Dr. Paul Schmidt, Rechtsanwalt am Landgericht zu Leipzig und Dr. Jos. Kohler, o. ö. Professor an der Universität Berlin, herausgegeben von Dr. Albert Osterrieth. 2. Jahrgang, Berlin, Januar 1897 (Berlin, Carl Heymanns Verlag 1897), Nr. 1 S. 34 f.

In dieser 64 Seiten umfassenden interessanten Broschüre wird der Rechtsstreit, den Professor Vollmöller und Dr. Otto als Herausgeber des romanischen Jahresberichts mit der Verlagshandlung führten, dargestellt.

Kläger beanspruchte auf Grund des Verlagsvertrages Herstellung des I. Bandes der Zeitschrift „Romanischer Jahresbericht", dessen Verlag der Beklagte übernommen hatte. Beklagter lehnte diesen Anspruch ab, weil die Kläger die Lieferung der Manuskripte ungebührlich verzögert hätten, und weil der eine der Kläger durch Übernahme einer Redaktionsstelle die Erfüllung des Verlagsvertrags seinerseits unmöglich gemacht hätte.

Aus dem rechtskräftig gewordenen Urteil des Landgerichts München vom 1. Februar 1894 entnehmen wir folgende bemerkenswerte Punkte:

1. Bezüglich der Vorfrage, nach welchen Rechtssätzen der Fall zu entscheiden sei, besagt das Urteil:

„Das in Frage stehende Rechtsgeschäft ist gemäss Art. 272 Z. 5 des Handelsgesetzbuches jedenfalls auf Seite der beklagten Firma, einer Verlagsbuchhandlung, ein Handelsgeschäft. Nach Art. 277 mit 324 Handelsgesetzbuches ist zweifellos München, wo das Verlagswerk zu erscheinen hat, der Erfüllungsort, so dass, wenn auch der eine der Kontrahenten den Vertrag in Göttingen unterzeichnet hat und seinen Wohnsitz auswärts besitzt, das hier geltende Recht für die Beurteilung der Sache maassgebend ist — das ist das bayerische Landrecht mit der Maassgabe des Art. 1 des Handelsgesetzbuches,

wonach primär die Bestimmungen des erwähnten Gesetzbuches zur Anwendung
zu kommen haben.

Das Handelsgesetzbuch enthält keine Bestimmungen bezüglich der Frage,
ob der Autor eine Klage auf Erfüllung durch Drucklegung des Werkes habe,
so dass auf die Bestimmungen des bayerischen Landrechtes und eventuell des
gemeinen Rechtes zu rekurrieren ist."

2. Bezüglich des Antrags auf Verurteilung des Beklagten zur Herstellung
des ersten Bandes führt sodann das Urteil aus:

„Gemäss Landrecht Teil IV Kap. 1 § 19 ist — konform mit den Grundsätzen des gemeinen Rechtes — für alle Verträge, sohin auch für den hier in
Frage stehenden Verlagsvertrag, bestimmt, dass Erfüllung gefordert werden
dürfe und aus Teil IV Kap. 15 § 11 Ziff. 2 und 3 ergiebt sich, dass man sogar
zunächst nur Erfüllung verlangen könne.

Zur Erfüllung des Verlagsvertrages auf Seiten des Verlegers gehört aber
der Natur der Sache nach gerade die Drucklegung des Werkes, da der Autor
nicht bloss des Honorars wegen — das eine sehr untergeordnete Rolle spielen
kann — kontrahiert, sondern auch deshalb, um sein Werk in den Verkehr zu
bringen.

Die Klagebitte auf Verurteilung der Beklagten zur „Herstellung" ist deshalb nicht zu beanstanden." —

3. Bei der Frage, ob das Manuskript zum ersten Band des „Romanischen
Jahresberichts" rechtzeitig geliefert sei, ist unter Anwendung der Interpre-
tationsregel des Art. 278 H.-G.-B. vor allem auf die Schwierigkeit der wissenschaftlichen Bearbeitung eines umfangreichen Materials Rücksicht zu nehmen.
Der vom Beklagten geltend gemachte formale Grundsatz, dass nach der Natur
der Sache in jedem Kalenderjahr die Ergebnisse des Vorjahres in 6 Heften zu
erscheinen hätten, lässt sich nicht aufrecht erhalten.

4. „Es würde allen Grundsätzen von Treu und Glauben im Handelsverkehr
überhaupt und beim Verlagsvertrag, der ganz besonders vom Grundsatz der
bona fides beherrscht wird (cfr. Wächter, Verlagsrecht I. S. 370), widersprechen,
die Drucklegung eines Werkes zu beginnen und dann wegen angeblicher nicht
rechtzeitiger Lieferung des Manuskripts zum ersten Hefte schon vom Verlage
zurücktreten zu wollen.

5. Die Frage, ob der Mitherausgeber Dr. O. dadurch, dass er eine Redaktionsstelle angenommen hat, in schuldhafter Weise die damit zusammenhängende Verzögerung in Lieferung von Manuskripten veranlasst hat, wurde
vom Gericht verneint:

Wohl ist richtig, dass jedermann bei Eingehung neuer obligatorischer Ver-
hältnisse den bestehenden Rechnung zu tragen hat und dass man sich im allgemeinen nicht auf neuere Kontrakts-Verhältnisse als rechtfertigende Titel des
Bruches bestehender berufen kann.

Allein gerade der Verlagsvertrag ist ein contractus bonae fidei, bei welchem
die Lebensverhältnisse des Autors eine ganze hervorragende Rolle spielen und
spielen müssen.

cfr. Wächter, l. c. S. 330.

Es konnte durch den Vertrag für den Kläger Dr. O. deshalb kein Hindernis geschaffen sein, sich eine anderweitige Stellung zu suchen und kann keine Rede davon sein, dass Dr. O. durch Übernahme dieser Stellung, von deren Übernahme er zudem die beklagte Buchhandlung in Kenntnis gesetzt hat, sich schuldhaft in Leistungs-Unfähigkeit versetzt habe. Wenn nun in der Folge Dr. O. seinen Verpflichtungen gegen die Verlagsbuchhandlung vorübergehend nicht in dem Masse nachgekommen ist, wie dies der Fall hätte sein können, wenn er die Stellung nicht angenommen hätte, so kann daraus nicht abgeleitet werden, dass die herbeigeführte Verzögerung in einem zivilrechtlichen Verschulden derselben begründet sei.

3. Centralblatt für Rechtswissenschaft (1897), XVI. Bd. 11/12. Heft. S. 356 ff.

Es handelt sich um einen Prozess, den der Verf. gegen die Firma R. Oldenbourg in München geführt hat. Nachdem in I. Instanz zu Gunsten des Klägers entschieden wurde, ist der Prozess durch einen Vergleich beendet worden und somit eine E. seitens des OLG. München unterblieben. Die berührten Fragen sind von juristischem und allgemeinem Interesse, von besonderem aber für Herausgeber litterarischer Berichte. Prof. Vollmöller als Herausgeber und Dr. Otto als Redakteur vereinigten sich zur Herausgabe eines „Kritischen Jahresberichtes über die Fortschritte der romanischen Philologie", der in jährlich 6 Heften erscheinen sollte und dessen Verlag R. Oldenbourg in München übernahm. Das erste Heft erschien am 15. Juli 1892, das zweite aber folgte sobald nicht, und am 9. Dezember 1892 weigerte sich der Verleger, die Sache weiterzuführen, ja stellte sogar an die Autoren ganz sonderbare Forderungen, z. B. 858.08 Mk. für neue Typen (Accenttypen). Die Autoren klagten nun auf Vertragserfüllung. Formell waren sie wie das L.-G. München durch sein Urteil vom 1. Jan. 94 anerkannt hat, berechtigt, diese zu verlangen, aber die Beklagten wandten ein, dass das erste Manuskript zwei Jahre nach Abschluss des Vertrages (Ende Juli 1892 für den Jahrgang 1890) einging und dass unter solchen Verhältnissen (in $2^1/_2$ Jahren 2 Hefte statt jährlich 6 Hefte) eine Weiterführung nicht verlangt werden könne. Beklagte stellten überdies Widerklage auf Schadenersatz (3394 Mk. 56 Pf.) an. Das sehr eingehende E. des L.-G. verurteilt die Firma Oldenbourg zur Herstellung des ersten Bandes des Jahresberichts und in sämtliche Kosten und weist die Widerklage zurück. Die Begründung zeigt zunächst, dass das in Frage stehende Rechtsgeschäft unter Art. 272,5 HGB. fällt, dass das HGB. die Frage, ob der Autor eine Klage auf Erfüllung durch Drucklegung habe, nicht entscheide, hierüber also das LR. gelte und nach ihm die Frage zu bejahen sei. Ob die Beklagten ein Recht des Rücktrittes vom Vertrage haben, wird davon abhängen, ob Kläger den Vertrag nicht gehörig erfüllten. Diese Frage wird im Hinblick auf das bedeutende Material und den wissenschaftlichen Charakter des Unternehmens verneint. Eine Verzögerung der Manuskriptlieferung durch Dr. Otto wird anerkannt, ein Verschulden hierbei liege jedoch nicht vor. Sind aber die Kläger mit ihrer Leistung nicht im Verzuge, so ist von diesem Gesichtspunkte aus ein Rücktritts-R. nicht gegeben, umsomehr als der Verlagsvertrag ein bonae fidei contractus (Wächter, Verlags-R. I. S. 330). Aber auch im Übrigen sei ein Grund zum Rücktritt nicht vorhanden — somit hat Beklagte den Vertrag gebrochen und zwar weil sie das finanzielle Risiko nicht mehr allein tragen wollte...... Für alle Herausgeber, die sich mit litterarischer Berichterstattung plagen, kann der Prozess eine Warnung sein, obwohl das Verhalten des Verlegers in diesem Falle nicht den Gepflogenheiten unserer deutschen Verleger entspricht...... Redaktion.

Allgemein ist meine streng sachliche Behandlung des Gegenstandes anerkannt und gewürdigt worden. Und so hat die Verlagsbuchhandlung von R. Oldenbourg in der Öffentlichkeit kein Wort der Entgegnung vorzubringen gewagt. Sie hat nur unter der Hand an einzelne Persönlichkeiten und an mich einen Brief gerichtet, über den ich folgende Erklärung veröffentlicht habe:

„Z. Z. Meran, Mitte April 1897.

Ew. Hochwohlgeboren!

Die Verlagsbuchhandlung R. Oldenbourg in München hat in Erwiderung auf meine am 18. Januar d. J. im Buchhandel erschienene Schrift: „Der Kampf um den Romanischen Jahresbericht. Ein Beitrag zur Klärung des Verhältnisses zwischen Autor und Verleger" mir unterm 1. März d. J. einen Brief zugeschickt, den sie, wie am Schluss desselben mitgeteilt ist, in Abschrift nebst Beilage, zur Aufklärung an einige Persönlichkeiten gesandt hat.

Da ich Grund habe, anzunehmen, dass auch Sie zu den Empfängern dieser Abschrift gehören, so beehre ich mich, Ihnen nachstehend eine Richtigstellung genannten Schreibens zugehen zu lassen:

1. In dem Schreiben an mich und in dem Begleitschreiben zur Abschrift heisst es, R. Oldenbourg habe „erst in der letzten Zeit zufällig von diesem Werke Kenntnis bekommen". — Das ist doch recht sonderbar, denn die Verlagsbuchhandlung R. Oldenbourg in München hat unmittelbar nach dem Erscheinen meiner Schrift zwei Exemplare derselben vom Verleger fest bezogen!!

2. Die Firma R. Oldenbourg sagt, ich hätte mich ihr gegenüber „offenbar nicht verpflichtet gefühlt, auch nur die einfachsten Anstandsregeln zu beobachten", nämlich ihr die Schrift ins Haus zu schicken. —

Das muss ich ganz energisch zurückweisen, denn es ist im literarischen Leben nicht Sitte, in einem solchen Fall einem die betr. im Buchhandel angezeigte und erschienene Schrift zuzuschicken. Die Firma R. Oldenbourg hat das auch damals gar nicht erwartet, sonst hätte sie nicht sofort nach Erscheinen zwei Exemplare bestellt. Mit Rezensionen, zu denen meine Schrift nicht gehört, wird es bekanntlich vielfach anders gehalten, doch besteht auch in diesem Fall keinerlei fester Gebrauch, oder gar eine Verpflichtung. Dies ist von Anfang an meine Ansicht gewesen, und jedermann, den ich jetzt darüber befragt habe, stimmt mir bei.

3. R. Oldenbourg zieht es vor, von dem Recht, Strafantrag und Privatklage wegen Beleidigung gegen mich zu erheben, keinen Gebrauch zu machen. —
Ganz nach Belieben.

4. R. Oldenbourg schreibt: „Wir können es aber nicht unterlassen, Sie ausdrücklich auf die Verschweigung einer erheblichen Thatsache hinzuweisen, da Ihre Schilderung infolge dieser Verschweigung den Charakter einer absichtlichen Unwahrheit erhält.

Auf Seite 63 Ihrer Broschüre haben Sie es unterlassen, etwas davon zu sagen, dass wir den Abschluss des Vergleiches vom 27. Juni 1894 ausdrücklich von der vorgängigen Unterzeichnung eines Reverses durch Sie und Herrn Dr. Otto abhängig gemacht haben. Zur Auffrischung Ihres Gedächtnisses lassen wir Ihnen anbei eine Abschrift dieses Reverses zugehen." —

Hier scheint vielmehr das Gedächtnis der Firma R. Oldenbourg einer Auffrischung zu bedürfen. Das betreffende Schriftstück[1]) ist

---

1) Es erscheint mir wichtig, den Wortlaut, wie er von R. Oldenbourg an das wissenschaftliche Publikum versandt wurde, hier wiederzugeben. Einer der Adressaten hat mir sein Exemplar des Schreibens zur Verfügung gestellt; es ist mit der Schreibmaschine vervielfältigt und das Schriftstück lautet wörtlich so:

Revers.

Der zwischen Herrn Professor Dr. Karl Vollmöller in Dresden und Dr. Richard Otto in München als Kläger und der Verlagsbuchhandlung R. Oldenbourg in München als Beklagte und Wiederklägerin schwebende Prozess in Betreff des kritischen Jahresberichtes über die Fortschritte der romanischen Philologie ist heute durch Vergleich in gegenseitig ehrenvoller Weise freundlich beendigt worden. Dank der beiderseitig geübten Nachgiebigkeit wird der Schluss des 1. Bandes des Jahresberichtes im Laufe der nächsten Monate im Verlage von R. Oldenbourg erscheinen. Dresden und München, im Juni 1894. gez. Karl Vollmöller. gez. R. Otto.

kein Revers, denn nach Brockhaus' Konversations-Lexikon[14] Bd. 13,
807 (1895) ist Revers „im Geschäftsverkehr ein Gegenschein, in dem
die eine Partei der andern, gewöhnlich gegen eine Leistung oder
ein Versprechen, eine schriftliche Zusicherung macht, z. B.
eine Kündigung nicht, oder nur für gewisse Fälle auszuüben, ein Be-
kenntnis, dass ein schriftlicher abgeschlossener Vertrag simulirt sei, ein
Versprechen, den verlegten Schuldschein, aus welchem dem Aussteller
des R. keine Forderung mehr zusteht, zurückzugeben, sobald er wieder
aufgefunden wird u. dgl."

So liegt aber der vorliegende Fall ganz und gar nicht. Das ist
gar kein Revers, sondern aus der unten mitgeteilten Fassung geht
deutlich hervor, dass es sich um eine **buchhändlerische Bekanntmachung**, eine Annonce handelt, was auch noch besonders aus der
betr. Korrespondenz nachgewiesen werden wird. Von einem Revers
war nie die Rede. Die Bezeichnung **Revers wird jetzt zum erstenmal seitens der Firma R. O. in ganz willkürlicher Weise ge-
braucht**, ja sie lässt sich dazu verleiten in den an das gelehrte Publikum versandten Exemplaren **aus eigener Machtvollkommenheit über
das Schriftstück den Titel „Revers" zu setzen, welchen es nie
getragen hat und auch in dem Brief** an mich nicht trägt. Hier
heisst es nur „Abschrift". Die versandte Abschrift ist demnach
mit einem Titel versehen, dem ihr Inhalt nicht entspricht
und den das Original nicht trägt.

Das mehrfach erwähnte Schriftstück ist, wie gesagt, einfach eine
**Bekanntmachung für den Buchhandel und wie von Otto und mir
so auch in einem Exemplar von R. Oldenbourg allein am 26. Juni
1894 unterschrieben.** Dieses Exemplar liegt vor mir. Es wird
unten ebenfalls im Wortlaut abgedruckt[1]). Man beachte, dass in

---

1) R. OLDENBOURG, VERLAGSBUCHHANDLUNG

Telegrammadresse: München, den 26. Juni 1894.
Oldenbourg-München.
Telephon Nr. 850. | Präs.: 27. Juni 94. |

Der zwischen Herrn Professor Dr. Carl Vollmöller in Dresden und Dr. Richard
Otto in München, als Kläger und der Verlagsbuchhandlung R. Oldenbourg in
München, als Beklagte und Widerklägerin, schwebende Prozess in betreff des
kritischen Jahresberichtes über die Fortschritte der romanischen Philologie ist
heute durch Vergleich in gegenseitig ehrenvoller Weise freundlich beendigt
worden. Dank der beiderseitig geübten Nachgiebigkeit wird der Schluss des
1. Bandes des Jahresberichtes im Laufe der nächsten Monate im Verlage von
R. Oldenbourg erscheinen. Dresden und München, im Juni 1894. gez. R. Oldenbourg.

diesem von R. Oldenbourg allein unterschriebenen Exemplar auch „Dresden und München, im Juni 1894" steht, was wieder dafür spricht, dass es kein Revers von Otto und mir ist, sondern eben das eine Exemplar des gemeinsam zwischen den beiden Parteien festgestellten Wortlautes der Buchhändlerannonce. Da R. Oldenbourg das Schriftstück ebenso unterzeichnet hat wie Otto und ich, kann es doch kein Revers bloss von uns Beiden sein.

Durch die gegenseitigen Unterschriften wurde der Wortlaut dieser Annonce festgestellt. Sie ist dann, von der Firma R. Oldenbourg allein unterschrieben, im Börsenblatt für den deutschen Buchhandel vom 24. September 1894 Nr. 222 S. 5834 in folgender, hier auch typographisch genau wiedergegebenen Fassung veröffentlicht worden:

[39744] Der zwischen Herrn Prof. Dr. *Karl Vollmöller* in Dresden und Dr. *Richard Otto* in München, als Kläger, und der Verlagsbuchhandlung *R. Oldenbourg* in München, als Beklagte und Widerklägerin, schwebende Prozess in Betreff des „Kritischen Jahresberichts über die Fortschritte der romanischen Philologie" ist im Juni l. J. durch Vergleich in gegenseitig ehrenvoller Weise freundlich beendigt worden. Dank der beiderseitig geübten Nachgiebigkeit wird der Schluss des I. Bandes des Jahresberichtes im Laufe der nächsten Monate im Verlage des Unterzeichneten erscheinen.

München, im September 1894.

R. Oldenbourg.

Auch das beweist, dass es gar kein Revers von Otto und mir gewesen sein kann, denn sonst hätten in der Annonce vor Allem wir Beide auch mit unterschreiben müssen und nicht nur R. Oldenbourg allein.

Für mich lag nicht der geringste Grund vor, neben der von mir wörtlich wiedergegebenen Vergleichsurkunde vom 27. Juni, welche alles Bezügliche in genauester Festellung enthält, noch die Annonce der Firma Oldenbourg abzudrucken, und am Endergebnis meiner Schrift, gegen die R. Oldenbourg kein Wort vorzubringen wagt, ändert sich gar nichts, ob genannte Annonce, die ja zur Kenntnis des Publikums, für welches sie bestimmt war, gekommen ist, darin steht oder nicht. Diese Annonce ist keine „erhebliche Thatsache" und meine Schilderung erhält durch das Fehlen derselben nicht „den Charakter einer absichtlichen Unwahrheit". Von einer absicht-

lichen „Verschweigung" kann vollends gar keine Rede sein. Es lag ja
doch kein Grund vor, hier etwas zu verschweigen und es war nichts
zu verschweigen. Es ist unbegreiflich, dass die Firma R.
Oldenbourg aus dieser Sache Kapital gegen mich zu schlagen versucht.

Wie nun die Bezeichnung „Revers" erst jetzt auftaucht, so war
auch damals, im Jahre 1894, immer nur von „einer zu veröffentlichen-
den Erklärung" die Rede. In den mir bei Ausarbeitung meiner
Schrift zur Verfügung gestandenen Akten befinden sich 2 Briefe meines
Anwaltes vom 27. und 30. Juni 1894, worin davon die Rede ist. So
heisst es unterm 30. Juni:

„Mit Rücksicht auf den vorliegenden Vergleich habe ich auch das
nachträglich aufgetauchte Verlangen der Beklagten, die Herren Kläger
sollten zu den Kosten der Veröffentlichung der Erklärung durch Zir-
kular mit der Hälfte von ca. 10 Mk. beisteuern, zurückgewiesen."

Eine andere Veröffentlichung in dieser Sache ist nicht erfolgt, es
kann sich also nur um diese handeln.

Vor dem Abschluss des Vergleichs hat der Anwalt der Firma
R. Oldenbourg, da diese es für nötig fand, die Beendigung des Pro-
zesses, bezw. das nunmehr gesicherte Forterscheinen von Bd. I des
Werkes im Buchhandel bekannt zu machen, mit meinem Rechtsanwalt
sich über den Wortlaut dieser Veröffentlichung geeinigt, und erhielt das
Einverständnis dadurch seinen Ausdruck, dass, wie schon erwähnt, zwei
gleichlautende Exemplare der im Buchhandel zu erlassenden Anzeige
gefertigt wurden, deren eines Otto und ich, das andere die Firma
R. Oldenbourg unterzeichneten. Wie man daraus ein einseitiges
Reversverhältnis herleiten mag, ist mir unerfindlich.

Auf den sehr aggressiven Ton des Oldenbourgschen Schreibens er-
widere ich nur mit dem bekannten Wort:

Vous vous échauffez, vous avez tort,

und überlasse die Beurteilung des Falles nunmehr ruhig dem wissenschaftlichen Publikum, in der Hoffnung, dass ich fernerhin nicht mehr
genötigt sein werde, dasselbe mit diesen Streitigkeiten zu belästigen.

Hochachtungsvoll

Karl Vollmöller."

Es war mein Wunsch gewesen, diese ganze Sache nicht an die
Öffentlichkeit gelangen zu lassen, sondern sie privatim abzumachen,
und ich liess durch einen Dritten diesen Wunsch der Verlagsbuchhandlung R. Oldenbourg zu erkennen geben. Leider gelang mir das

nicht. So musste ich gegen meinen Willen, da ich nicht wusste, an wen die Briefe geschickt worden waren, meine Entgegnung in den Kreisen der mutmasslichen Interessenten verbreiten, um die Adressaten des Oldenbourgschen Briefes alle zu treffen. Bis jetzt ist auf diese, auch einem Heft der Romanischen Forschungen und des Romanischen Jahresberichtes beigegebene Erklärung nichts wieder erfolgt, und ich habe also begründete Hoffnung, dass endlich der unerquickliche Streit, der mir gewiss keine Freude macht, und in dem mir vom Gegner nun schon zum zweitenmal die Feder förmlich in die Hand gedrückt wird, beigelegt ist. Mir soll das ganz besonders lieb sein, denn ich habe Anderes zu thun, als immer wieder solche Anzapfungen abzuwehren.

In Folge freundwilligen Übereinkommens mit der Rengerschen Buchhandlung erscheint der Romanische Jahresbericht vom III. Band ab bei dem langjährigen Verleger meiner „Romanischen Forschungen", Herrn Fr. Junge in Erlangen. Eine Vereinigung der beiden Unternehmungen in einem Verlag hat für die Redaktion sehr grosse Vorteile, da die beiden Zeitschriften sich gegenseitig ergänzen. Der geschäftliche Verkehr ist dadurch ein viel einfacherer geworden.

Und so kann denn der Romanische Jahresbericht, nachdem er so grosse Schwierigkeiten glücklich überstanden und sich seinen Platz geschaffen hat, der Zukunft ruhig entgegensehen.

An Band IV, die Jahre 1895—1896 umfassend, wird bereits gedruckt, die Berichterstattung ist demnach so schnell als überhaupt möglich.

Tölz in Oberbayern, Haus Gottfried, August 1897.

Dresden - A.

Neue Abkürzungen für Zeitschriften, Sammelwerke u. s. w., welche im Romanischen Jahresbericht zur Anwendung kommen.

Vorbemerkung: Im ersten Verzeichnis der Abkürzungen, S. 68 ff. meiner Schrift „Über Plan und Einrichtung des Romanischen Jahresberichtes" bitte ich Folgendes zu verbessern:

Die Abkürzung AAB. ist zu tilgen.

Statt AMDStPMP. lies AMDSPMP.

   „   CStL. lies CSL.

   „   MStJt. lies MSIt.

   „   RCStG. lies RCSG.

und so auch im Text des Jahresberichtes (Storia und Storico = S statt St. Meist steht schon S).

Statt SBAkBerlinphhKl. lies einfach SBAkBerlin.

   „   SBAkMünchenphhKl. lies SBAkMüuchenhKl.

und SBAkMünchenphKl. (Die beiden Klassen sind also hier zu trennen.)

K. V.

AAA. = Atti dell' Accademia degli Agiati.

AAeDG. = Archiv für ältere deutsche Geschichte.

AALucch. = Atti della R. Accad. Lucchese.

AAPa. = Atti della R. Accademia di Padova.

AbhAkMünchenphkl. = Abhandlungen der kgl. bayer. Akademie der Wissenschaften zu München, philos.-philol. Klasse.

ACL = Archiv für celtische Lexikographie (Kuno Meyer und Whitley Stokes).

ADFSP. = Atti della Deputazione Ferrarese di Storia Patria.

AGiu. = Archivio giuridico.

AHVUA. = Archiv des Histor. Vereins von Unterfranken und Aschaffenburg.

AKChir. = Archiv für klinische Chirurgie.

ALe. = L'alba letteraria.

AMDSPM. = Atti e Memorie delle
RR. Deput. di Storia Patria per le
Prov. Modenesi[1]).

AMDSPR. = Atti e Memorie della
R. Deput. di Storia Patria per le
prov. di Romagna.

APAPhKM. = Archiv für patho-
logische Anatomie und Physiologie
und für klinische Medizin.

APIt. = Archivio Paleografico Italiano.

ARAZA. = Atti e rendiconti dell'
Acc. di scienze, lettere ed arti dei
Zelonti di Acireale.

ASLF. = Acta de la Société de
littérature finnoise.

ASP. = Archivio storico pugliese.

ASPP. = Archivio storico delle Provincie Parmensi.

ATP. = Annuaire des Traditions
populaires.

AUQ. = Am Ur-Quell.

AV. = Accademia di Verona.

Ba. = GB. Basile.

BBA. = Bibliothèque Bretonne Ar-
moricaine p. p. la faculté des
lettres de Rennes.

BBs. = Book of Ballymote.

BBPMB. = Bulletin bibliographique
et pédagogique du „Musée Belge“.

BC. = Bibliographia Critica.

BCLIt. = Biblioteca critica della
Letteratura italiana.

BDSPU. = Bolletino della Regia
Deputazione di Storia Patria per
l' Umbria.

BFLPa. = Bibliothèque de la Faculté des Lettres de Paris.

Bg. = Der Burggräfler (Meran).

BIt. = Biblioteca italiana.

BJbb. = Bonner Jahrbücher.

BPWbb. = Bibliothek phonetischer
Wörterbücher.

BSGRT. = Bibliotheca scriptorum
graecorum et romanorum Teub-
neriana.

BSHAG. = Bulletin de la Société
d'histoire et d'archéologie de Ge-
nève.

BSL. = Biblioteca di Storia e Letteratura edita da B. Croce.

BSLM. = Bolletino storico-letterario
del Mugello (Firenze, direttore
Baccini).

BSN. = Bulletin de la Société Ni-
vernaise des lettres, sciences et
arts.

BSP. = Bolletino storico pavese.

BSPh. = Berner Studien zur Philosophie und ihrer Geschichte, hgg.
v. Dr. Ludwig Stein.

---

1) Herr A. G. Spinelli, delle RR. Deputazioni di Storia Patria per l'Emilia,
Modena, Biblioteca Estense, schreibt mir:

Gli Atti e Memorie delle RR. Deput. di Storia Patria etc. uscirono
in questa forma:

Serie I^a. Provincie Modenesi e Parmensi. Volⁱ. 8 in — 4°. 1863—76.

Nuova Serie. Provincie dell' Emilia (Bologna, Modena, Parma). Volⁱ. 7,
in — 8°. 1877—1882.

Serie III^a. Prov. Modenesi e Parmensi. Volⁱ. 6, in — 8°. 1883—90 [così il
frontespizio, recte: 1890—91].

Serie IV^a, Prov. Modenesi. Volⁱ. 1° — 8°. 1892—1897.

Ora le singole deputazioni pubblicano a se i proprii atti. —

BB8. = Bibliothek spanischer Schrift-
steller. (A. Kressner.)
BSSIt. = Bulletino storico della
Svizzera Italiana.
BSSP. = Boll. senese di storia patria.
BSSPAA. = Bolletino della Società
di Storia Patria A.L. Antinori negli
Abruzzi.
BTPS. = Biblioteca delle tradizioni
popolari siciliane (Giuseppe Pitrè).
BTV. = Bote für Tirol und Vorarl-
berg (Innsbruck).
Buo. = Il Buonarroti (periodico).

CA. = Cancioneiro da Ajuda.
Cà. = Carità.
Car. = Carinthia.
CB. = Canc. Colocci-Brancuti.
CBW. = Cottasche Bibliothek der
Weltlitteratur.
CGR. = Cancioneiro Geral von
Resende.
CHA. = Correspondant historique
et archéologique.
CLIE. = Collezione di Libri d'Istru-
zione e di Educazione.
CM. = Cancionero Musical de los
Siglos XV y XVI.
COD. = Collezione di 'Opuscoli
Danteschi' inediti o rari, diretta
da G. L. Passerini.
COIRa. = Collezione di Opere in-
edite o rare di scrittori italiani
dal XIII al XVI secolo pubblicata
per cura della R. commissione
pe'testi di lingua nelle provincie
dell' Emilia.
Cor. = Cordelia (periodico).
Cosm. = Cosmopolis.
CP. = Classiques populaires. Edités
per Lécène, Oudin et Cie.
CPT. = Curiosità popolari tradi-

zionali (Palermo, raccolta diretta
dal Pitrè).
CrPh. = Critique philosophique.
CV. = Cancioneiro da Vaticana.

DMW. = Deutsche medizinische
Wochenschrift.
DZAU. = Deutsche Zeitschrift für
Ausländisches Unterrichtswesen.
DZChir. = Deutsche Zeitschrift für
Chirurgie.

EBA. = Erudizione e Belle Arti.
EBr. = Encyclopaedia Britannica.
EHR. = The English Historical Re-
view.

F. = La Favilla.
FDLVK. = Forschungen zur deutsch.
Landes- und Volkskunde im Auf-
trag der Centralkommission für
wissenschaftliche Landeskunde von
Deutschland hrsg. v. Dr. A. Kirch-
hoff.
FKLB. = Forschungen zur Kultur-
und Litteraturgeschichte Bayerns.
Folk. = Folklore.
FolkJ. = The Folk-Lore Journal.
FolkR. = The Folk-Lore Record.

GA.=Germanistische Abhandlungen.
(Begr. v. K. Weinhold, herausg.
v. Friedr. Vogt.)
GFR. = Giornale di filologia ro-
manza.
Gi. = De Gids.
GSAN. = Giornale storico Araldico
Napoletano.
GSDPh. = Grazer Studien zur
Deutschen Philologie hgg. von
Anton E. Schönbach u. Bernhard
Seuffert.

GSLCS. = Giornale della Società di letture e conversazioni Scientifiche.

HA. = Historische Abhandlungen (hgg. v. Heigel u. Grauert).

Istr. = L'Istruzione.

JAFolk. = Journal of American Folk - Lore.
JM. = Jüdisches Magazin.

KGED. = Kunstgeschichtliche Einzeldarstellungen. (Adolf Philippi.)
KW. = Katholische Warte. (Verl. v. Anton Pustet, Salzburg.)

LB. = Leabhar breac.
LD. = Langues et Dialectes.
LF.=LitterarhistorischeForschungen hgg. v. Dr. Josef Schick, o. ö. Prof. an der Univ. München, und Dr. M. Fr. v. Waldberg, a. o. Prof. an der Univ. Heidelberg.
LL. = Leabhar Laighneach.

MAGW. = Mitteilungen der Anthropologischen Gesellschaft in Wien.
MAP. = Memorie dell'Accademia di Padova.
MASt. = Mémoires de l'Académie de Stanislas.
MATo. = Memorie dell'Accademia di Torino.
MCAMAcB. = Mémoires couronnées et autres mémoires de l'Académie royale des sciences et belles lettres de Belgique.
MCDMHPC. = Mémoires de la Commission départementale des monuments historiques du Pas-de-Calais.
MH. = Manuali Hoepli.
MHL. = Mitteilungen aus der historischen Litteratur.
MSÉD. = Mémoires de la Société d'Émulation du Doubs. '
MSÉJ. = Mémoires de la Société d'Émulation du Jura.
MSHAL. = Mémoires de la Société historique et archéologique de Langres.
Mu. = Il Muratori (periodico).
MWBl. = Musikalisches Wochenblatt.

N&A. = Natura ed Arte.
NAbb. = Neusprachliche Abhandlungen aus den Gebieten der Phraseologie, Realien, Stilistik und Synonymik unter Berücksichtigung der Etymologie. Herausg. von Dr. Clemens Klöpper — Rostock.
NBB. = Nouvelle Bibliothèque bleue.
NBP. = Nouvelle Bibliothèque populaire.
NFP. = Neue Freie Presse. (Wien.)
NRM. = Nuova Rivista Misena.
NSc. = Notizie degli Scavi.
NSM. = Neues Schweizer Museum.
NTSF. = Nordisk Tidskrift for filologi.

OH. = Oud Holland.

PhS. = Philosophische Studien. (Hgg. v. Wundt.)
Plt. = Pensiero Italiano.
PJ. = Le Petit Journal.
PPS. = Pitt Press Series.

QFÖ. = Quellen und Forschungen zur Geschichte, Litteratur und

2*

Sprache Österreichs und seiner
Kronländer. Durch die Leo-Ge-
sellschaft herausg. v. Dr. J. Hirn
und Dr. J. E. Wackernagel.

RAn. = Revue d'Anthropologie.

RBA. = Rivista delle biblioteche e
degli archivi.

RCC. = Revue des cours et conférences.

RCN. = Revue catholique de Normandie.

RCon. = Revista Contemporanea.

REEAIH. = Revista de Educazão
e Ensino e Archivo de Ineditos
Historicos.

REnc. = Revue encyclopédique.

REt. = Rivista Etnea.

RFS. = Rivista di filosofia scientifica.

RGasc. = Revue de Gascogne.

RHD. = Revue d'histoire diplo-
matique.

RHebd. = Revue Hebdomadaire.

RHR. = Revue de l'histoire des
religions.

RIll. = Revista illustrada.

RItF. = Rivista italiana di filosofia.

RLS. = Rassegna della letteratura
siciliana.

RMi. = Revue du Midi.

RNo. = Revista Nova.

RPar. = Revue de Paris.

RPhFL. = Revue de Philologie
Française et de Littérature (Fortsetzung der RPhFP. von Bd. X 4
ab).

RPM. = Revue philosophique et
morale.

RPy. = Revue des Pyrénées; France
méridonale — Espagne. Organe de
l'Association Pyrénéenne. Toulouse, É. Privat.

RRCL. = Revista religiosa, cienti-
fica y literaria.

RSA. = Rivista di storia, arte,
archeologia della provincia di
Alessandria.

RSCa. = Rivista storica calabrese.

RSe. = Revue sextienne.

RUM. = Revue des Universités du
Midi.

SBFEPS. = Schulbibliothek franzôs.
und engl. Prosaschriften aus der
neueren Zeit. Herausg. von L.
Bahlsen u. J. Hengesbach.

SG. = Sammlung Göschen.

SLMAeS. = Scriptores Latini Medii
Aevi Suecani, ediderunt Johannes
Paulson et Lars Wåblin. Goto-
burgi, Wettergren & Kerber.

SRu. = Schweizer. Rundschau.

SS. = Studî storici (dei proff. Cri-
velluci e Pais). Pisa, Spörri.

SSF. = Staats- und Sozialwissen-
schaftliche Forschungen. (Hgg.
v. Schmoller.)

TAFES. = Textausgaben franzôs.
und engl. Schriftsteller für den
Schulgebrauch.

TCD. = Trinity College Dublin.

TI. = La Tribuna Illustrata.

VCol. = Vittoria Colonna (periodico).

VG. = Voce dei Giovani.

VL. = Le Vieux-Liège.

VZSB. = Sonntagsbeilage zur Vossi-
schen Zeitung.

WBEPh. = Wiener Beiträge zur
Englischen Philologie unter Mit-

wirkung von K. Luick u. A. Po-
gatscher herausgeg. v. J. Schipper.
WSFES. = Weidmannsche Sammlung französ. und engl. Schriftsteller mit deutschen Anmerkungen.
Herausgegeben von G. Lücking
und E. Hausknecht.

YBADS. = Year-book of the American Dante-Society.

ZGO. = Zeitschrift für die Geschichte des Oberrheins.
ZLGSW. = Zeitschrift für Litteratur
und Geschichte der Staatswissen-
schaft (Frankenstein).
ZVV. = Zeitschrift des Vereins für
Volkskunde.

Viertes Verzeichnis der für den Romanischen Jahresbericht eingelieferten Rezensionsexemplare.

(Abgeschlossen am 23. Juli 1897.)

Abbatescianni, Prof. Giovanni, Fo-
nologia del dialetto Barese. Avellino
& C. Stabilimento tipografico. Bari,
Piazza Massari 4 e 5. Giovinazzo
R. Ospizio V. E. 11. 1896. 848.

Acquaticci, Giulio, Le Gemme della
Divina Commedia, dichiarate ed illu-
strate. Cingoli, Stab. Tipografico Luchetti. 1895. XIV, 179 S. L. 1 50. 849.

Acquaticci, G., Giacomo Leopardi e
il suo centenario in Recanati. Cingoli, Tipografia editrice Luchetti, Corso
Garibaldi, 1896. 48 S. Cent. 75. 850.

Acquaticci, Giulio, Esposizione som-
maria della Divina Commedia, ordi-
nata e illustrata. Cingoli, Tipografia
editrice Luchetti, 1896. [Titelblatt:
1897.] XII, 351 S. L. 2. 851.

Commémoration d'Adam de la Halle.
Arras, 21 juin 1896. Bibliothèque artistique et littéraire de la Revue du

Nord. 30, Rue de Verneuil. Paris
72 S. 852.

Album poétique illustré. Choix
varié de poésies françaises formant
une anthologie du XIX° siècle. Par
Bellot d'Oradour, Ex-professeur de
langue et de littérature françaises.
Avec vingt illustrations par MM. G.
Gloss, L. Braun et autres. Quatrième
édition. Stuttgart. Paul Neff. [s. a.]
XXXI, 390 S. geb. Mk. 6.— 853.

Alimanesco, Théodore, Essai sur le
vocalisme roumain. Dissertation pour
le doctorat ès-lettres. Lausanne,
G. Bridel & Cie. 1895. 854.

Amante, Dott. Bruto, Giulia Gonzaga,
contessa di Fondi e il movimento re-
ligioso femminile nel secolo XVI. Con
due incisioni e molti documenti inediti. Bologna, Zanichelli. 1896.
L. 8.— 855.

A m i o i s, Vincenzo de, L'imitazione latina nella commedia italiana del XVI. secolo. Nuova edizione riveduta d'all autore. Firenze, Sansoni 1897. 176 S. L. 1.20. (BCLIt. 16—17.) 856.

A n g i o l i n i, Francesco, Vocabolario Milanese - Italiano coi segni per la pronuncia. Preceduto da una breve grammatica del dialetto e seguito dal Repertorio italiano-milanese. Opera premiata fra le prime al concorso dei vocabolari dialettali bandito dal ministero della pubblica istruzione e premiata anche dal municipio di Milano. 1897. Ditta G. B. Paravia e Comp. Torino-Roma-Milano-Firenze-Napoli. XXXVIII, 1053 S. L. 6.50. 857.

A n n a l a s della Societad Rhaeto-romanscha. Annada decima. Edisiun e Propietad della Societad. Cuira. Stampa dalla Societad acsionara. 1895. (Umschlag 1896.) 858.

Il Codice Magliabechiano cl. XVII. 17 contenente notizie sopra l'arte degli antichi e quella de' Fiorentini da Cimabue a Michelangelo Buonarrotti, scritte da Anonimo Fiorentino. Herausgegeben und mit einem Abrisse über die Florentinische Kunsthistoriographie bis auf G. Vasari versehen von Carl Frey. Berlin, G. Grote. 1892. Mk. 12. 859.

A r a u k a n i s c h e M ä r c h e n und Erzählungen, mitgeteilt von S egundo Jara (Kalvun). Gesammelt und übersetzt von Dr. Rudolf L e n z. Valparaiso: Imprenta del universo de Guillermo Helfmann. Calle San Agustin, 39 - D. 1896. 860.

A r f e r t, P., aus Schwerin, Das Motiv von der unterschobenen Braut in der internationalen Erzählungslitteratur, mit einem Anhang: Über den Ursprung und die Entwicklung der Bertasage. Rostocker Diss., Schwerin 1897. Druck der Bärensprungschen Hofbuchdr. 861.

A r j u n a, Harold, [Dr. Graevell], Klassisch oder Volkstümlich? Auch ein Beitrag zur Lösung der Schulfrage. Brüssel, Buchdruckerei Polleunis und Centerick. 37, rue des Ursulines. 1896. (Leipzig, Fock.) 862.

A r j u n a, Harold, Die vlämische Bewegung. Vom alldeutschen Standpunkt aus dargestellt. Berlin 1897. Hans Lüstenöder. 863.

A r j u n a, Harald, Vlamen u. Wallonen. Gr. 56. Jg. Nr. 18. 6. Mai 1897. S. 234—241. 864.

A r r i g h i, Cletto, Dizionario Milanese-Italiano. Col repertorio Italiano-Milanese premiato nel concorso governativo del 1890—93. MH. U. Hoepli. Milano 1896. L. 8.50. 865.

L ' A s c e n s i o n. Mystère provençal du XVe siècle, publié pour la première fois, avec un glossaire par A. J e a nr o y, Professeur de langue et littérature méridionales à la Faculté des Lettres de Toulouse, et H. T e u l i é, Sous-Bibliothécaire de la Bibliothèque Universitaire de Montpellier. Toulouse 1895. E. Privat. 2 Fr. Tiré à 200 exemplaires: Nr. 102. Aus RPh., IX. 866.

A s t r u c, Louis, La man senèstro, Pouèmo. (Avec traduction française.) 2° edicioun. Pres.: 1 fr. 50. Avignoun, J. Roumaniho. 19, Carriero St.-Agricó. 1895. 55 S. 867.

A s t r u c, Louis, Tant vai la jarro aa pous . . . Coumèdi dramatico en un ate, en vers seguido de Li Retrobo. Fantasié fellbrenco. (Secoundo edicioun). Pres.: 1 fr. 50. Avignoun. J. Roumaniho, 1896. 59 S. 868.

L ' A t e n e o V e n e t o. Rivista bimestrale di scienze, lettere ed arti.

Anno XIX.* Vol. 1*, Fascicolo 3. Maggio-Giugno. 1896. Vol. 2*, Fascicolo 1. Luglio-Agosto 1896. Venezia, Stab. Tipo-Lit. Successore M. Fontana. 1896. (Enthält u. a.: Maddalena, E., Sul vero Amico di Carlo Goldoni.) 869.

D'Aubigné, Agrippa, Les Tragiques. Livre premier. Miseres. Texte établi et publié, avec une Introduction, des Variantes et des Notes par H. Bourgin, L. Foulet, A. Garnier, Cl.-E. Maitre, A. Vacher, Élèves de l'École normale supérieure. A. Colin & Cie. Paris, 1896. 870.

Bacci, Orazio, Della Prosa volgare del Quattrocento. Prelezione al corso libero di letteratura italiana nel R. Istituto di Studi superiori pratici e di perfezionamento in Firenze letta il 9 decembre 1896. Firenze, R. Bemporad & Figlio. 1897. 40 S. L. 1. 871.

Baedeker, K., Spanien und Portugal. Handbuch für Reisende. Mit 6 Karten, 31 Plänen u. 11 Grundrissen. Leipzig. Karl Baedeker, 1897. LXXXII, 582 S. Mk. 16. — 872.

Bär, Dr. Max, kgl. Archivar, Leitfaden für Archivbenutzer. Leipzig, Hirzel. 1896. Mk. 1.60. 873.

Bahlmann, Dr. P., Bibliothekar an der königl. Paulinischen Bibliothek zu Münster i./W. Die Erneuerer des antiken Dramas und ihre ersten dramatischen Versuche. 1314—1478. Eine bio-bibliographische Darstellung der Anfänge der modernen Dramendichtung. Münster, Regensbergsche Buchhandlung. 1896. 59 S. Mk. 2. 874.

Bahr, Hermann, Renaissance. Neue Studien zur Kritik der Moderne. Berlin. S. Fischer. 1897. 2 unp., 244 S. Mk. 3.50. 875.

Baist, G., Longimanus und manilargus. Eduard Bœhmer zum 70. Geburtstag, 24. Mai 1897, gewidmet. Erlangen, Fr. Junge 1897. (S.-A. aus RF. X, 4. 8 S. 8*) 876.

Bardenhewer, Prof. Dr. O., Der Name Maria. Geschichte der Deutung desselben. Mit Approbation des Hochw. Herrn Erzbischofs von Freiburg. (Biblische Studien. Unter Mitwirkung von Prof. Dr. W. Fell in Münster i./W., Prof. Dr. J. Felten in Bonn, Prof. Dr. W. Gerber in Prag, Prof. Dr. G. Hoberg in Freiburg i./B., Prof. Dr. N. Peters in Paderborn, Prof. Dr. A. Schäfer in Breslau, Prof. Dr. P. Vetter in Tübingen herausgegeben von Prof. Dr. O. Bardenhewer in München. Erster Band. Erstes Heft.) Freiburg i. B. Herder. 1895. Mk. 2.50. 877.

Baretti, Giuseppe, La frustra Letteraria di Aristarco Scannabue. Illustrata e annotata da Augusto Serena. Verona, Donato Tedeschi & figlio. (Auf d. Titelblatt: Milano, Albrighi, Segati & C., rilevatarii delle edizioni scolastiche D. Tedeschi & Figlio.) 1897. XVIII, 435 S. L. 3. 878.

Barlaam and Josaphat. English Lives of Buddha. Edited and Enduced by Joseph Jacobs. London. MDCCCXCVI. David Nutt. 879.

Barzelotti, Giacomo, Professore di filosofia all' università di Napoli, Ippolito Taine. Roma, Loescher & Co. 1895. L. 4.— 880.

Bassi, Dott. Ugo, Reggio nell' Emilia alla fine del secolo XVIII. (1796—1799.) Reggio nell' Emilia. Stabilimento Tipo-Litografico degli Artigianelli. 1895. IX, 531 S. L. 3. 881.

Bechtel, Adolf, k. k. Professor in Wien, Französische Conversations-

Grammatik für Schulen sowie zum
Selbstunterrichte. Dritte Auflage.
(Unveränderter Abdruck der zweiten,
verbesserten Auflage.) Wien 1891.
Manzsche k. u. k. Hof-, Verlags- und
Universitäts-Buchhandlung, I. Kohl-
markt. XIII, 288 S. fl. 1.20.   882.

Beck, Friedrich, Gymnasiallehrer für
neuere Sprachen am k. humanistischen
Gymnasium Neuburg a./D., Französ.
Grammatik für humanistische Gymnasien, mit besonderer Berücksichtigung des Lateinischen. München,
1896. Piloty & Loehle. Mk. 2.50.   883.

Beck, Friedrich, Gymnasiallehrer für
neuere Sprachen am k. humanistischen
Gymnasium Neuburg a./D., Übungs-
und Lesebuch zur französ. Grammatik
für humanistische Gymnasien. I. Teil
(§ 1—75). München, 1896. Piloty &
Loehle.   884.

Beck, Friedrich, k. Gymnasiallehrer,
Französisches Vocabular für Gym-
nasien. München, 1896. Piloty &
Loehle.   885.

Beck, Friedrich, k. Gymnasiallehrer,
Die Metapher bei Dante, ihr System,
ihre Quellen. GPr. d. hum. Gymn.
zu Neuburg a./D. für das Studienjahr
1895/96. Neuburg a./D. Griessmayer-
sche Buchdr.   886.

Becker, Dr. Heinrich, Oberlehrer, Zur
Alexandersage. Alexanders Brief
über die Wunder Indiens. Pr. des
kgl. Friedrichs-Kollegiums zu Königsberg Pr. für das Schuljahr 1893/94.
Königsberg 1894. Hartungsche Druckerei. 24 S. 4°.   887.

Becker, H., Zur Alexandersage. Der
Brief über die Wunder Indiens im
ältesten deutschen Alexanderepos.
(In: Festschrift zu der Sonnabend
den 1. Oktober 1892 stattfindenden
feierlichen Einweihung der neuen Ge-

bäude des kgl. Friedrichs-Kollegiums
zu Königsberg Pr. Königsberg. Hartungsche Buchdr. S. 90—104.)   888.

Bellon, E., Licenciatus in Litteris et
S. Theologia, Rhetorices professor in
Minore Seminario Parisiensi. B. M.
V. A. Campis, De Sannazarii vita et
operibus. Facultati Litterarum Pari-
siensi thesim proponebat . . . Paris.
A. Fontemoing. 4, Rue Le Goff.
170 S.   889.

Benedix, Die Hochzeitsreise. Lust-
spiel in zwei Aufzügen. Zum Über-
setzen aus dem Deutschen in das
Französische bearbeitet von Dr. Julius
Sahr. Vierte Auflage. (Französ.
Übungsbibliothek Nr. 14.) Dresden,
L. Ehlermann. Paris, Boyveau & Che-
villet. 1897. VIII, 79 S. Mk. 1.   890.

Bessarione. Pubblicazione periodica
di studi orientali. Diretta a facili-
tare l'unione delle Chiese. Anno I.
Nr. 1—12. 1° Maggio 1896 — 1°Aprile
1897. Anno II. Nr. 13. 1° Maggio
1897. Roma-Siena. Tipografia S. Ber-
nadino in Siena.   891.

Betz, Louis P., H. Heine und Alfred
de Musset. Eine biographisch-litte-
rarische Parallele. Zürich, Albert
Müllers Verlag. 1897. VIII, 117 S.
Mk. 3.50.   892.

Betzinger, B. A., Di mondo in mondo.
Florilegio dantesco colla traduzione
tedesca di contro. Von Welt zu Welt.
Ein Dante-Album mit deutscher Über-
setzung. Freiburg i./B. Herder 1896.
Mk. 3.   893.

Biadene, Leandro, Indice delle can-
zoni italiane del secolo XIII. Asolo,
Tipografia di Francesco Vivian. 1896.
40 S.   894.

Biadene, Leandro, Varietà Letterarie
e Linguistiche. Padova, Tip. All'
Università-Fratelli Gallina. 1896. Um-

schlag: Fratelli Drucker, Padova-Verona. 98 S. 895.

Bianchini, Giuseppe, Francesohina Baffo. Rimatrice Veneziana del secolo XVI. Verona, Padova, Fratelli Drucker. MDCCCXCVI. 896.

Bianchini, Giuseppe, Il pensiero filosofico di Torquato Tasso. Spigolature e annotazioni con un' appendice. Verona, Padova, Fratelli Drucker. 1897. XII, 137 S. L. 2.50. 897.

Il Libro di Antonio Billi esistente in due copie nella Biblioteca Nazionale di Firenze. Herausgegeben von Carl Frey. Berlin, G. Grote. 1892. Mk. 3. 898.

Birlinger, Dr. A., Professor an der Universität zu Bonn a./Rh., Rechtsrheinisches Alamannien. Grenzen, Sprache, Eigenart. Mit 12 in den Text gedruckten Illustrationen. Stuttgart, J. Engelhorn. 1890. (FDLVK. Bd. IV, Heft 4.) Mk. 4.80. 899.

Blanc, Élie, Chanoine honoraire de Valence, Professeur de philosophie aux facultés catholiques de Lyon, Histoire de la philosophie et particulièrement de la philosophie contemporaine. T. I. Depuis les Origines jusqu'au XVIIe siècle, 656 S. fr. 3.50. T. II. Philosophie du XVIIe et du XVIIIe siècle. Commencement du XIXe siècle. 660 S. fr. 3.50. T. III. Philosophie du XIXe siècle (suite). 656 S. fr. 3.50. Lyon, Emmanuel Vitta, 3 et 5, place Bellecour. Paris, Jules Vic & Amat, 11, rue Cassette. 1896. 900.

Boehmer, Eduard, Briefe von Diez an mich, hier meinen Freunden mitgeteilt. Zu privater Verteilung gedruckt in hundert Exemplaren. In der Hofbuchdruckerei von Ernst Kölblin, Baden-Baden 1897. 10 unp. S. 8°. 901.

Boghen Conigliani, Emma, Studi letterari. Rocca S. Casciano. Licinio Cav. Cappelli, editore. 1897. IV, 290 S. L. 2.50. 902.

Boileau, L'Art Poétique. Dritter Gesang. In freier metrischer Übertragung. Von Georg Reimann, Professor. 1. Beil. z. Pr. des kgl. evang. Gymn. zu Graudenz. Ostern 1896. Graudenz, Druck von Gust. Röthe's Buchdruckerei, 1896. Pr.-Nr. 31. 903.

Le poesie volgari e latine di Matteo Maria Bojardo, riscontrate sui codici e su le prime stampe da Angelo Solerti. Bologna, Romagnoli-Dall' Acqua. (COIR.) 1894. L. 12. 904.

Bonifaccio, G., Guida epistolare italiana-tedesca. Moduli di lettere per ogni sorta di soggetti colla traduzione tedesca di contro. All'uso di chi studia l'italiano, e di chi desidera esercitarsi in questa e nella lingua tedesca. Con un' estesa corrispondenza commerciale, e formolarii d'ogni genere d'affari. Seconda edizione. Deutsch - Italienischer Briefsteller. Muster zu Briefen jeder Art. Mit der gegenübergedruckten italienischen Übersetzung. Zum Gebrauch für diejenigen, welche die italien. Sprache studieren und sich in dieser und der deutschen Sprache zu üben wünschen. Mit einer vollständigen Handelskorrespondenz und Formularen zu Geschäftsaufsätzen, Zeitungsanzeigen etc. Zweite Auflage. Stuttgart, Paul Neff. 1889. XI, 355 S. geb. Mk. 2.75. 905.

Bonnefon, D., Les écrivains modernes de la France ou Biographie des principaux écrivains français depuis le premier empire jusqu'à nos jours. Avec une analyse, une appréciation et des citations de leurs chefs d'œuvre.

Ouvrage destiné à faire suite aux écrivains célèbres à l'usage des établissements d'instruction publique. Sixième édition. Revue, corrigée et accompagnée de résumés synoptiques. Paris, Fischbacher o. J. [1896.] Fr. 4.— 906.

Bonnefon, D., Les écrivains célèbres de la France ou histoire de la littérature française depuis l'origine de la langue française jusqu'au XIX° siècle. A l'usage des Établissements d'instruction publique. Ouvrage adopté par le Ministère de l'Instruction publique pour les Bibliothèques scolaires et populaires. Huitième Édition. Paris, Fischbacher. o. J. [1896.] Fr. 4. 907.

Borel, Eugène, Professeur de langage français au Gymnase supérieur et à l'Institution royale de Catherine à Stuttgart, Choix de Lectures françaises à l'usage des écoles publiques et de l'instruction privée. Partie I. Sixième édition. 1890. VIII, 160 S. Partie II. Quatrième édition. Revue avec soin et corrigée d'après le Dictionnaire de l'Académie de 1878. 1881. VIII, 176 S. Troisième Partie. Éléments de Littérature. Quatrième édition, entièrement revue et corrigée. 1887. VIII, 196 S. Stuttgart, Paul Neff. geb. à Mk. 1.20. 908.

Borel, Eugène, Grammaire française à l'usage des Allemands. Ouvrage dont les principes s'appuient sur le dictionnaire de l'Académie et sur les meilleurs traités de grammaire publiés jusqu'à ce jour. Revue et augmentée par Otto Schanzenbach, docteur en philosophie et professeur de langues modernes au Gymnase Everard-Louis à Stuttgart. Vingtième édition stéréotype. Stuttgart, Paul Neff, 1896. XVI, 574 S. Mk. 3.20. 909.

Borinski, Karl, Dante und Shakespeare. (S.-A. aus A, N. F. VI. S. 450—454.) 910.

Borinski, Karl, Noch einmal von Honorificabilitudinitatibus. (S.-A. aus A., N. F. Bd. 7 S. 135 f. 911.

Borinski, Karl, Dantes Canzone zum Lobe Kaiser Heinrichs. (S.-A. aus ZRPh. XXI. S. 43—57.) 912.

Borinski, Karl, Über poetische Vision und Imagination. Ein historisch-psychologischer Versuch anlässlich Dantes. Halle a./S. Niemeyer, 1897. XII, 128 S. Mk. 3.60. 913.

Borsari, Luigi, Tipografia di Roma antica. Con 7 tavole. MH. U. Hoepli, Milano 1897. VIII, 434 S. L. 4.50. 914.

Bouchot, Henri, Catalogue de Dessins relatifs à l'histoire du théâtre, conservés au département des estampes de la Bibliothèque Nationale. Avec la description d'Estampes rares sur le même sujet, récemment acquises de M. Destailleur. (Extr. de la RBibl. Octobre 1895 — Mars 1896.) Paris, Bouillon 1896. 915.

Brachet, Auguste, Lauréat de l'institut de France, A historical grammar of the French language. Rewritten and enlarged by Paget Toynbee, M. A., Balliol College, Oxford, Editor of „Specimens of old French". Oxford. At the Clarendon Press. 1896. 916.

Brandes, G., Die Reaktion in Frankreich. Übersetzt und eingeleitet von Adolf Strodtmann. Einzig autorisirte deutsche Ausgabe. Fünfte, gänzlich umgearbeitete und vermehrte Auflage. Jubiläums-Ausgabe. (Die Hauptströmungen der Litteratur des 19. Jahrhunderts. Vorlesungen, gehalten an der Kopenhagener Universität von G. Brandes. Dritter Band.) Leipzig, H. Barsdorf. 1897. 308 S. Mk. 4.50. 917.

Braune, Dr. Theodor, Oberlehrer, Über
einige schallnachahmende Stämme in
den germanischen Sprachen. Wissenschaftl. Beil. z. Jahresb. d. königl.
Luisen-Gymn. z. Berlin. Ostern 1896.
Berlin 1896. Druck v. W. Pormetter.
Pr.-Nr. 62. 918.

Brunetière, Ferdinand, de l'Acadé-
mie Française, Le Roman naturaliste.
Cinquième édition. Paris, Calmann
Lévy. 1896. Fr. 3.50. 919.

Bulletin des parlers du Calvados. Langue
et Littérature populaire Normandes.
Nr. 1. Juin 1897. Caen, E. Lanier,
Imprim.-Éditeur, 1&3, Rue Guillaume.
1897. Prix du numéro 50 Ct. Prix
de l'Abonnement: 3 fr. 920.

Robert Burns in other tongues. A
Critical Review of the Translations
of the Songs & Poems of Robert
Burns. By William Jacks, author of
a translation of „Nathan the Wise" etc.
Glasgow, James Mac Lehose and
Sons, Publishers to the University.
1896. 921.

Ausgewählte Schauspiele des Don Pe-
dro Calderon de la Barca.
Übers. v. Prof. K. Pasch. (S. N. 59.)
Sechstes Bändchen: Die Belagerung
von Breda. — Was das Herz ver-
schmäht und hofft, blosse Laune ist
es oft. Siebentes Bändchen: Zufall
spielt der Liebe Streiche. — Besser
ist's, man schweigt. Freiburg i./B.
Herder. 1896. Mk. 4.50. 922.

Camavitto, D. Luigi, I nomi locali
della regione friulana terminati in á o
ás. Udine. Tipografia di Domenico
del Bianco. 1896. 39 S. 923.

Camp, Aimé, Alfred de Musset. Influence des études classiques sur Alfred de Musset. Montpellier, Imprimerie centrale du Midi (Hamelin

Frères). 1896. 29 S. (Extr. du journal „Montpellier", n^os des 18 et 25 octobre 1896.) 924.

Campori, Giuseppe, Notizie per la vita
di Lodovico Ariosto. (BCLIt. Nr. 10.)
Firenze, Sansoni. 1896. L. 1.20. 925.

Capasso, Bartolommeo, Torquato
Tasso a Napoli. Contributo di ono-
ranze e di memorie raccolte e pubblicate nel III centenario della morte
del poeta. Napoli, R. Tipografia
Francesco Giannini&Figli. Via Cisterna
dell' Olio, 1895. 926.

Capasso, Bartolommeo, Ancora i Diur-
nali di Matteo da Giovenazzo: Nuove
osservazioni critiche. Seconda edizione. (BCLIt. Nr. 9.) Firenze, Sansoni 1896. L. 0,60. 927.

Carducci, Giosuè, Su l'Aminta di
T. Tasso. Saggi tre. Con una pastorale inedita di G. B. Giraldi Cinthio.
(BCLIt. Nr. 11). Firenze, Sansoni,
1896. L. 1.20. 928.

Carlyle, Tommaso, Dante e Shak-
speare. Prima versione italiana del
Prof. Cino Chiarini. Firenze, G. C.
Sansoni. 1896. (BCLIt. Nr. 7.) 929.

Carré, J., Agrégé de l'Université, Inspecteur général honoraire de l'Enseignement primaire, Le Vocabulaire
Français. Étude méthodique et pro-
gressive des mots de la langue usuelle
considérés 1° Quant à leur orthographe; 2° Quant à leur sens; 3°
Quant à la manière dont ils s'unissent
pour former des phrases. Livre du
Maître. Cours préparatoire des écoles
primaires (Enfants au-dessous de
7 ans). XII, 116 p. fr. 1.25. Année
préparatoire — Cours élémentaire des
Écoles primaires (Enfants de 7 à 9 ans).
XVI, 336 p. fr. 1.50. Cours moyen
des écoles primaires (Enfants de 9 à
11 ans). XVI, 504 p. fr. 3. Paris,
A. Colin & Cie. 1896. 930

Carrè, J., Dasselbe. Livre de l'Élève: Cours préparatoire. — Enfants audessous de 7 ans. Deuxième édition. 47 p. 45 ct. Cours élémentaire des écoles primaires. — Enfants de 7 à 9 ans. Neuvième édition. 96 p. 75 ct. Cours moyen des écoles primaires. — Enfants de 9 à 11 ans. Quatrième édition. 127 p. 90 ct. A. Colin & Cie. Paris, 1897.   931.

Castelnuovo, Leo di, (Conte Leopoldo Pullo). O Bere o Affogare. Commedia in un atto. Herausgegeben und mit Anmerkungen und Wörterverzeichnis versehen von Dr. E. Maddalena. Vom Verfasser autorisierter Nachdruck. Berlin, Leonhard Simion, 1896. 50 Pf. (BIt. Heft 13.) 932.

Cavedoni, C., Raffronti tra gli autori biblici e sacri e la Divina commedia. Con prefazione e per cura di Rocco Murari. Città di Castello. S. Lapi. 1896. (COD. vol. XXIX—XXX.) 933.

Cerlogne, J. B., Apologue. Torino, Tip. Collegio degli Artigianelli. [o.J.] 1 S.   934.

[Cerlogne, L'Abbé J. B.,] Les commandements du liberalisme. [o. J.] 1 Bl.   935.

[Cerlogne, L'Abbé J. B.,] Tsanson de carnaval. M e Griffe Pren et Tone-Baille. Imp. J. B. Cerlogne, Pessinetto 1896. 1 Bl.   936.

Cerlogne, L'Abbé J. B., Vie du Petit Ramoneur. Pessinetto, Impr. J. B. Cerlogne. 1895. 53 S.   937.

Miguel de Cervantes The Adventure of the wooden Horse and Sancho Panza's Governorship. Edited with introduction, life, and notes by Clovis Bévenot, M. A., Balliol College, Taylorian Exhibitioner, Oxford, Professor of Romance Languages, Mason College, Birmingham. Oxford. At

the Clarendon Press. 1897. Sh. 2,60. XXIV, 125 S.   938.

Miguel de Cervantes Saavedra, Novelas ejemplares. (Auswahl.) Mit erklärenden Anmerkungen herausgeg. von Dr. Adolf Kressner. II. Teil. La Jitanilla. El Amante liberal. (BSS. XVIII. Bdchen.) Leipzig 1896. Renger. VIII, 122 S. Mk. 2. 939.

Cesarano, Elvira Atte, Il Poeta di Teatro di Fillippo Pananti. Padova. R. Stabilimento Prosperini. 1896. 95 S.   940.

Chansons Populaires de la France. A selection from French popular ballads. Edited with introduction and notes by Thomas Frederick Crane, A. M., professor of the Romance Languages in Cornell University. New-York and London G. P. Putnam's Sons. The Knickerbocker Press. o. J.   941.

Charles, J.-N., Inspecteur honoraire de l'Académie de Paris, Président honoraire de la commission d'examens d'admission à l'école spéciale militaire, et Schmitt, L., Professeur au Lycée Condorcet, Dictionnaire classique français-allemand et allemandfrançais. I. — Français-Allemand. Paris, Ch. Delagrave. 1897. XI, 967 S. Fr. 6.50.   942.

Chiarini, Giuseppe, Studi Shakespeariani. Livorno. Tipografia di Raff. Giusti. 1896. 478 S. L. 5.   943.

Der christliche Orient. Monatsschrift. Herausgeber Johannes Lepsius. Heft I. Januar 1897. Westend-Berlin 1897. Akademische Buchhandlung W. Faber & Co. Preis vierteljährlich 1 Mk. 50 Pf.   944.

Chronica minora saec. IV. V. VI. VII. edidit Theodorus Mommsen. Voluminis III Fasciculus III. MGH. Auct.

antiquiss. tomi XIII pars III. Berolini, apud Weidmannos MDCCCXCVI. Mk. 5. (Siehe Nr. 81.) 115 S. 945.

Ciampolini, Ermanno, La prima tragedia regolare della letteratura italiana. Nuova edizione riveduta. (BCLit. Nr. 12.) Firenze, Sansoni. 1896. L. 0,50. 946,

Clédat, Léon, professeur à la faculté des lettres de Lyon, lauréat de l'académie française, Grammaire classique de la langue française. Paris, H. Le Soudier. 174, Boulevard Saint-Germain. 1896. VI, 377 S. 947.

Cloëtta, Wilhelm, Aus dem Theater des alten Frankreich. (VZSB. Nr. 28 u. Nr. 29, 1895.) 948.

Cohn, Carl, Zur literarischen Geschichte des Einhorns. Wissenschaftl. Beil. zum Jahresber. der Elften Städt. Realsch. zu Berlin, Ostern 1896. Berlin 1896. R. Gaertner. Pr.-Nr. 125. 4° 30 S. Dasselbe. II. Teil. Wissenschaftl. Beil. zum Jahresber. d. Elften Städt. Realsch. zu Berlin, Ostern 1897. Berlin, 1897, R. Gaertner. Pr.-Nr. 126. 4° 29 S. 949.

Comitti, Chiarina, Un poema provenzale. Saggio critico. Sondrio. Tipografia Aroldi e Barini 1896. 16 S. 950.

Conigliani, Emma Boghen, Idealità Leopardiane. Studio critico-estetico. Torino. Carlo Clausen, 1897. 32 S. 951.

Consolo, Federico, Cenni sull'origine e sul progresso della musica liturgica con appendice intorno all'origine dell'organo. Firenze. Successori Le Monnier. 1897. XXIV, 104 S. L. 5. 952.

Constitutiones et acta publica imperatorum et regum. Tomus II. Inde ab. a. MCXCVIII. usque ad a. MCCLXXII. Edidit Ludewicus Weiland (MGH. Legum sectio IV.) Hannoverae, Impensis bibliopolii Hahniani. MDCCCXCVI. 953.

Corneille, P., Don Sanche d'Aragon. Comédie héroïque. Édition nouvelle par Félix Hémon, Inspecteur de l'Académie de Paris. Avec une introduction et un appendice sur les sources de „Don Sanche". Paris, Ch. Delagrave. 1896. 167 S. 1 fr. 954.

Théâtre choisi de Pierre Corneille. Nouvelle édition. Avec notices, notes et index par Félix Hémon, Inspecteur de l'Académie de Paris. Paris, Ch. Delagrave. 1897. X, 766 S. Fr. 4. 955.

Corpus glossariorum latinorum a Gustavo Loewe incohatum auspiciis societatis litterarum regiae saxonicae composuit recensuit edidit Georgius Goetz. Vol. III. Hermeneumata Pseudodositheana edidit Georgius Goetz. Accedunt Hermeneumata medicobotanica vetustiora. Lipsiae in aedibus B. G. Teubneri. MDCCCLXXXII. XXXVI, 659 S. Mk. 22. 956.

Coursier, Eduard und Rothwell, J. S. S., Lehrer der neueren Sprachen, Neues praktisches Taschenwörterbuch. Französisch-Deutsch und Deutsch-Französisch. Nach dem Wörterbuch der Akademie u. den besten deutschen Autoritäten bearbeitet. Enthaltend alle neuen Wörter, die Aussprache der schwierigeren; reichhaltige Verzeichnisse der Personen-, Länder- und Völkernamen und vollständige Tabellen der Konjugationen der unregelmässigen Zeitwörter. Erster Teil: Französisch-Deutsch. VIII, 360 S. Zweiter Teil: Deutsch-Französisch. XII, 404 S. Zweite verbesserte und vermehrte Auflage. Nouveau Dictionnaire de Poche. Français-Allemand et Allemand-Français. Rédigé d'après le dictionnaire de l'Académie et les meilleures autorités allemandes. Contenant tous les mots nouveaux, la prononciation de ceux qui offrent quelque difficulté, des tables des noms propes de personnes, de pays, des abréviations, et des tableaux des conjugaisons des verbes irréguliers. Partie I: Française-Allemande. Partie II: Allemande-Française. Seconde Édition revue et augmentée. Stuttgart, Paul Neff. 1893. geb. Mk. 3.— 957.

Coursier, Edouard, Professeur de français dans un pensionat de jeunes demoiselles, Manuel de la conversation française et allemande ou cours pratique complet pour s'exprimer correctement et avec facilité dans les deux langues et servir de Vademecum aux voyageurs. Vingt-sixième édition, revue rvec soin et augmentée, corrigée d'après la nouvelle orthographe allemande et celle du dictionnaire de l'Académie de 1877 et accompagnée des causeries parisiennes de Peschier en supplément et d'une préface par Auguste Lewald. Handbuch der französischen und deutschen Konversationssprache oder vollständige Anleitung, sich im Französischen sowohl als im Deutschen richtig und geläufig auszudrücken. Auch ein Vademecum für Reisende. Sechsundzwanzigste, sorgfältig durchgesehene und vermehrte, nach der neuen deutschen Orthographie und der letzten Ausgabe des Dictionnaire de l'Académie vom Jahre 1877 korrigierte Auflage, mit den Causeries Parisiennes von Peschier als Gratiszugabe und einer Vorrede von Aug. Lewald. Stuttgart. Paul Neff. 1892. XXIV, 504 u. VIII, 139 S. Mk. 2.75. 958.

La très ancienne Coutume de Bretagne avec les Assises, Constitutions de Parlement et Ordonnances ducales suivies d'un Recueil de Textes divers antérieurs à 1491. Édition critique. Accompagnée de Notices historiques et bibliographiques par Marcel Planiol, professeur à la faculté de droit de Paris, ancien agrégé de la faculté de droit de Rennes. (BBA. Fasc. II.) Rennes, J. Plihon et L. Hervé, 5, rue Motte-Fablet. 1896. 566 S. 959.

Crescini, Vincenzo, Sordello. Conferenza. Fratelli Drucker, Verona, Padova. 1897. 34, III S. (Da L'Alba. Anno I. n. 9, 10.) 960.

Croce, Benedetto, La critica letteraria. Questioni teoriche. 2.ª ediaione riveduta ed aumentata. Roma, Loescher. 1896. 961.

Crocioni, Giovanni, Il Dottrinale di Jacopo Aligbieri. Edizione critica con note e uno studio preliminare. (COD. Nr. 26, 27, 28). Città di Castello. S. Lapi. 1895. 962.

La Farce du Cuvier. Comédie du Moyen-âge arrangée en vers modernes par Gassies des Brulies. Avec sept compositions en taille-douce, hors texte par J. Geoffroy. Paris, Librairie Charles Delagrave, (o. J.) 40 S. 963.

Damé, Frédéric, Docteur en Philosophie, Professeur, Nouveau Dictionnaire Roumain - Français. Premier Volume: A.—E. 1893. Deuxième Volume: F.—L. 1894. Troisième Volume: M.—R. 1894. [Umschlag 1895.] Quatrième Volume: S.—Z. (Suivi d'un vocabulaire des noms propres et de la liste des auteurs cités.) 1895. [Umschlag 1896.] Bucarest. Imprimerie de l'Etat. Boulevard Elisabeth. 32 francs. 964.

Dan, D., Fost elev al scoalei normale
superioare din București, Din toponimia romînească. Studiu istorico-
linguistic. Teză de Licență în Litere:
Susținută la 18/30 Junie 1896. Tipă-
rită de „Fundațiunea universitară
Carol I." București, Libraria So-
cecu & Comp. 21, Calea Victoriii.
1896. VII, 75 S. Lei 2.50. (Ex-
tragere din Convorbiri Literare, XXX
(1896).) 965.

Dantes Vita nova. Kritischer Text
unter Benützung von 35 bekannten
Handschriften von Friedrich Beck.
München, Piloty & Loehle. 1896. 966.

La Divina Commedia di Dante Alighieri, illustrata nei luoghi e nelle
persone a cura di Corrado Ricci.
Con 30 tavole e 400 illustrazioni. Ulrico Hoepli. Milano. Fascicolo 1°—
36°, Agosto 1896—Dicembre 1897. 967.

Fourteenth Annual Report of the Dante
Society (Cambridge, Mass.). May 15,
1895. Accompanying papers. Illustrations of the Divine Comedy from
the Chronicle of Fra Salimbene. By
C. E. Norton. — A Variant in the
Vita Nuova. By E. Moore. — Ad-
ditions to the Dante Collection in the
Harvard College Library, May 1,
1894 — May 1, 1895. Compiled by
William C. Lane. Boston. Ginn
and Cie. (For the Dante Society).
1895. 968.

Darmesteter, Arsène, Cours de
grammaire historique de la langue
française. Quatrième partie: Syntaxe.
Publiée par les soins de M. Léopold
Sudre. Paris. Ch. Delagrave. 1897.
IX, 237 S. 969.

David, Édouard, El Muse Picarde.
Avec une Préface de Monsieur L. Delambre, illustrée par A. Roze, L. Delambre, David-Riquier, J. de Franc-

queville, Boquet et René Delassus.
Amiens, Typographie - Lithographie
T. Jeunet, 45, rue des Capucins. 1895.
(Rosati Picards.) 970.

David, Édouard, L'Tripée. Illustré
par M. Jean de Francqueville. Amiens,
Impr. de T. Jeunet. 1896. 971.

David, Édouard, Étude Picarde sur
Lafleur. Illustrée par M. L. Delambre.
Lue à la Séance des „Rosati Picards"
(Novembre 1895). Amiens, Impr. T.
Jeunet. rue des Capucins, 45. 1896.
A Monsieur Octave Thorel de l'Aca-
demia d'Amiens. (Il a été tiré, de
cette étude, deux cent cinquante exem-
plaires numérotés. Nr. 236. 972.

Decurtins, Dr. C., Rätoromanische
Chrestomathie. 1. Band: Surselvisch,
Subselvisch. Das XVII., XVIII.,
XIX. Jahrhundert. Erlangen, Junge
1896. 973.

Decurtins, Dr. C., Rätoromanische
Chrestomathie. I. Band: Surselvisch,
Subselvisch, Sursettisch. 3. Lieferung:
Das XIX. Jahrhundert. Erlangen,
Fr. Junge, 1896. 974.

Decurtins, Dr. C., Rätoromanische
Chrestomathie. I. Band: Surselvisch,
Subselvisch, Sursettisch. 3. Lieferung:
Das XIX. Jahrhundert. Mit Schluss-
wort und Inhaltsangabe von
Bd. I der Rätoromanischen Chresto-
mathie. (RF. VIII 4, S. 513—907.)
Erlangen, Junge, 1896. 975.

Decurtins, Dr. C., Rätoromanische
Chrestomathie. II. Band: Surselvisch,
Subselvisch. 1. Lieferung: Märchen,
Novellen, Sagen, Sprichwörter, Land-
wirtschaftsregeln, Rätsel, Kinder-
lieder, Kinderspiele, Volksbräuche,
Sprüche, Zaubersprüche. Erlangen,
Junge, 1895. 976.

Dejardin, Joseph, Président de la
Société Liégeoise de Littérature wal-

lone, Dictionnaire des Spots ou Proverbes Wallons. Précédé d'une Étude sur les Proverbes par J. Stecher, membre honoraire. 2ᵐᵉ édition coordonnée et considérablement augmentée avec la collaboration de Joseph Defrecheux, bibliothécaire-archiviste de la dite société. Tome premier: A—J. 1891. Tome second: L—Z. 1892. Liège, H. Vaillant-Carmanne. (Extr. de la BSLLW. 2.ᵉ série t. XVII et t. XVIII.) 977.

Dejob, Charles, Maître de conférences à la faculté des lettres de Paris, Études sur la tragédie. L'honnête homme à la Cour dans Corneille et dans Racine. Les hardiesses de Campistron. La tragédie française en Italie et la tragédie italienne en France au XVIIIᵉ et XIXᵉ siècles. Le drame historique contemporain en France et en Italie. Paris. Armand Colin & Cie. XXIII, 411 S. Fr. 4. 978.

Delanghe, M., Professeur aux cours supérieurs de la „Société pour la propagation des langues étrangères" à Paris, Une vue de Paris. Leçon de conversation française d'après le tableau de Hölzel. (Konversationsunterricht im Französischen. Bd. IV.) E. Roth, Giessen. [o. J. Vorwort v. 1897] 6 unp. 64 S. Pr. mit koloriertem Bild 80 Pf. 979.

Delisle, Léopold, Notice sur les sept psaumes allégorisés de Christine de Pisan. Tiré des NE. tome XXXV, 2ᵉ partie, S. 551—559. Paris, Impr. Nationale. Librairie C. Klincksieck, Rue de Lille, 11. MDCCCXCVI. 980.

Del Lungo Isidoro, Florentia. Uomini e cose del quattrocento. Il Poliziano in patria, in famiglia, nel parentado. Nello Studio fiorentino. Alla storia aneddota dell' umanismo. In teatro. Lauri sub umbra. Firenze,

G. Barbèra. 1897. VIII, 460 S. L. 4. 981.

Delmont, L'Abbé Théodore, Professeur aux Facultés catholiques de Lyon, Fénelon & Bossuet d'après les derniers travaux de la critique. Paris, Putois-Cretté, 90, Rue de Rennes. Lyon. A. Cote. Place Bellecour. 1896. 215 S. Fr. 2.50. 982.

Delmont, L'Abbé Théodore, Docteur ès Lettres, Bossuet et les Saints Pères. D'après des documents originaux et inédits. Paris, Putois-Cretté. 90, Rue de Rennes. 1896. XX, 704 S. Fr. 7.50. 983.

Delmont, Theodorus, Licentiatus, Quid conferant latina Bossueti opera ad cognoscendam illius vitam, indolem doctrinamque. Hanc thesim Facultati litterarum Claromontensi proponebat . . . . . Parisiis. Apud Putois-Cretté, Bibliopolam. 90, via de Rennes. 1896. XX, 126 S. Fr. 3.50. 984.

Desdevises du Dezert, G., Professeur d'histoire à l'Université de Clermont-Ferrand, L'Espagne de l'ancien régime. La Société. Paris. Société française d'imprimerie et de librairie (Libr. Lecène et Cie.). 1897. XXXII, 294 S. 985.

Dieterich, Albrecht, Pulcinella. Pompejanische Wandbilder und römische Satyrspiele. Leipzig. Teubner, 1897. X, 306 S. u. 3 Tafeln. M. 8. 986.

Dieterle, Hans, aus Vöhringen, O.-A. Sulz, Württemberg, Henri Estienne. (Henricus Stephanus.) Beitrag zu seiner Würdigung als französischer Schriftsteller und Sprachforscher. Strassburger Diss. Strassburg i./E. Buchdr. W. Friedrich, 1895. 987.

Ditciounnari Mondî dé Jean Doujat. Empéoutad per G. Visner, dé les del „Grill" (S. Nr. 577). De la page 38 à la page 90. 988.

Dorfeld, C., Französischer Unterricht, geschichtlicher Abriss. (S.-A. aus dem Encyklopädischen Handbuche der Pädagogik, herausgegeben von W. Rein.) [o. J.] 989.

Dorfeld, Dr. Carl, in Giessen, Das französische Gymnasial- und Realschulwesen unter der dritten Republik. (Aus DZAU. Jahrgang I, Heft 4, S. 309—322, Jahrgang II, Heft 1, S. 36—53 Heft 2, S. 140—154.) Leipzig, R. Voigtländer. 990.

Draganov, P., Makedonsko-slavjanskij sbornik s priloženiem slovarja. Sostavil-; Vypusk I. [Zapiski Imperatorskago russkago geografičeskago obščestva po otdělenija etnografii, T. XXII. vyp. I.] St. Ptg. 1894. Tipografija E. Evdokimova. 991.

Dreyer, Dr. Karl, Oberlehrer, Hartmanns von Aue Erec und seine altfranzösische Quelle. Jahresber. des städt. Realgymnasiums zu Königsberg i. Pr. für das Schuljahr von Ostern 1892 bis Ostern 1893. Königsberg 1893. Hartungsche Buchdr. Pr.-Nr. 20. 33 S. 4°. 992.

Durand, L. et M. Delanghe, Die vier Jahreszeiten. Für die Französische Conversationsstunde nach Hölzels Bildertafeln im genauen Anschluss an „The four seasons by E. Towers-Clark". 2. verbesserte Aufl. 1. Der Frühling (Le Printemps). 2. Der Sommer (l'Été). (Conversationsunterricht im Französischen. Bd. I.) Roth, Giessen. [o. J.] Heft à 40 Pf. 993.

Ebener-Meyers Französisches Lesebuch für Schulen und Erziehungsanstalten. Ausgabe B. Französisches Lese- und Lehrbuch. Erster Teil: Erstes Unterrichtsjahr von Dr. phil. Wilhelm Knörich, Direktor der

städt. höheren Mädchenschule und Lehrerinnenbildungsanstalt zu Dortmund. Hannover. Carl Meyer (Gustav Prior.) 1895. VI, 93 S. 994.

L'Écho français. V° année. Nr. 2, 3, 4, 5. 1896. (Siehe Nr. 582.) 995.

Egli, G., Sekundarlehrer, Bildersaal für den Sprachen-Unterricht. Heft 1—9. Zürich. Art. Institut Orell Füssli. 996.

Ehrbart, Carl, Rektor und Planck, Dr. H., Prof., Syntax der französischen Sprache für die oberen Klassen von Realgymnasien u. Gymnasien. (Samml. von Lehrmitteln für höhere Unterrichtsanstalten VII.) Stuttgart, Paul Neff. 1896. 997.

Ehrlich, E., Realschuloberlehrer, Beiträge zur Latinität der Itala. RSPr. Rochlitz. Rochlitz. Druck von Max Bode. Pr.-Nr. 591. 998.

Eichthal, Eugène d', Alexis de Tocqueville et la démocratie libérale. Étude suivie de fragments des entretiens de Tocqueville avec Nassau William Senior (1848—1858). Paris, Calmann Lévy, 1894. 354 S. Fr. 3.50. 999.

Eloesser, Arthur, Die jüngste litterarische Entwickelung in Frankreich. I. Neu-Hellenismus. II. Anatole France und Pierre Louys. (ML. 65. Jahrgang. 1896. Nr. 32 und 33 Sp. 1002 u. 1020.) 1000.

Elschner, Otto, aus Sitzenroda, Über den Stil französischer geschichtlicher Lieder. Hallenser Diss. Halle a./S. Druck der Buchdruckerei Carl Colbatzky. 1896. 58 S. 1001.

Ennecerus, M., Zur lateinischen und französischen Eulalia. Mit zwei Tafeln in Lichtdruck. Marburg i./H. N. G. Elwert. 1897. 15 S. und 2 Lichtdrucke. 1002.

Estienne, Henri, La précellence du langage françois. Réimprimée avec

3

des notes, une grammaire et un
glossaire par Edmond H u g u e t,
Maître de conférences à la Faculté
des lettres de Caen et précédée d'une
Préface de L. P e t i t d e J u l l e v i l l e.
Paris, Armand Colin et Cie. 1896.
XXXIII, 434 S. fr. 4.50.   1003.

La estoria de los quatro dotores de la
santa eglesia. Die Geschichte der
vier grossen lateinischen Kirchen-
lehrer, in einer alten spanischen
Übersetzung nach Vincenz von Beau-
vais herausgegeben von Dr. theol. et
phil. Friedrich L a u c h e r t, Professor
am altkath. theol. Seminar in Bonn.
(RB. XIV.) Halle a./S. Niemeyer.
1897. XIV, 443 S. Mk. 12.   1004.

Eurén, S. F., Étude sur l'R français.
I. Prononciation et changements de
l'R. Thèse pour le doctorat. Upsala
1896. Imprimerie Almqvist & Wiksell.
56 S.   1005.

Evangeliesagn. Oldfranske Legen-
dedigte om Jomfru Marias og Kristi
LIV af Oluf N i e l s e n. (Studier fra
Sprog - og Oldtidsforskning, udgivne
af det philologisk - historiske Sam-
fund. Nr. 21.) Kjøbenhavn, Klein,
1895.   1006.

Eyssenhardt, F., Die spanischen
Handschriften der Stadtbibliothek.
Aus dem Jahrb. der Hamburgischen
Wissensch. Anstalten XIV. Hamburg,
1897. Comm.-Verl. von Lucas Gräfe &
Sillem. 31 S. 80 Pf.   1007.

Farnell, Ida, formerly scholar at Lady
Margaret Hall, Oxford, The Lives of
the Troubadours. Translated from
the mediaeval provençal, with intro-
ductory matter and notes, and with
specimens of their poetry rendered
into English. London, David Nutt,
in The Strand. 1896. IX, 288 S.
6 Sh,   1008.

F e i s t, Dr. Sigmund, Grossherzogl. Hess.
Lehramtsassessor, Lehr- u. Lesebuch
der französischen Sprache für prak-
tische Ziele. Mit Rücksicht auf die
konzentrierende Unterrichtsmethode
bearbeitet. Halle a./S. Verl. der Buchhandl. des Waisenhauses. I. Unterstufe. 1895. IX, 187 S. Mk. 1.50.
II. Mittelstufe. 1897. IX, 287 S.
Mk. 1.80.   1009.

F é r a r d, C. D., Ex-instituteur, Officier
de l'instruction publique, inspecteur
primaire honoraire, Mémoires d'un
vieux maître d'école. Examen critique des méthodes et procédés péda-
gogiques du dix - neuvième siècle.
(Instruction primaire). Paris, Ch. Delagrave 1894. 582 u. LXX S.   1010.

Ferraresi, Mario, 8u i trovieri e i
trovadori. — Nota di .... offerta a
gli amici Bolognesi. Ferrara, Tipogr.
Taddei diretta dal Cav. G. Montanari.
1896.   1011.

Festschrift zum elfhundertjäh-
rigen Jubiläum des deutschen
Campo Santo in Rom. Dem
derzeitigen Rector Monsignore de
Waal gewidmet von Mitgliedern und
Freunden des Collegiums. Herausgegeben von Dr. Stephan E h s e a.
Mit zwei Tafeln und zwölf Abbildungen im Texte. Freiburg, Herder, 1897. Mk. 12. XII u. 308 S.
(Enthält 25 wissenschaftliche Aufsätze, meist archäologischen und
historischen Inhalts.)   1012.

Festschrift zu der am 7. Jan. 1897 statt-
findenden Einweihung des G o e t h e-
Gymnasiums in Frankfurt a./M.
Herausgegeben vom Lehrerkollegium.
Frankfurt a/M. Druck u. Verl. von
Gebrüder Knauer. 1897. 174 Seiten.
Mk. 3.—   1013.

Fetter, Johann, k. k. Direktor der
Staatsoberrealschule im IV. Bezirk in

Wien, Französische Sprachschule für Bürgerschulen und verwandte Lehranstalten. I. Teil. Zweite durchgesehene Auflage, 1896, 40 Kr., cartoniert 50 Kr. II. Teil. 1892, 30 Kr., cart. 40 Kr. III. Teil. Übungs- und Lesebuch. Grammatik. 1891, 52 Kr., cart. 62 Kr. Wien. Bermann & Altmann. I. Johannesgasse Nr. 2. 1014.

Finamore, G., Linguaggio infantile. (Estr. dalla Rivista Abruzzese. Fasc. IV. Anno 1896.) 1015.

Fischer, Hugo, Realschuldirektor in Naumburg a./S., Übungsstücke zu Kühn, kleine französische Schulgrammatik. Unterstufe. 2. Aufl. Bielefeld und Leipzig. Velhagen & Klasing. 1896. 1016.

Flamini, Dott. Francesco, prof. ordinario di letteratura italiana, La poesia italiana del cinquecento e l'insegnamento scientifico della letteratura nazionale. Prolusione letta il 16 gennaio 1896 nella R. Università di Padova. Frat. Drucker, Verona, Padova. 1896. 1017.

Fluri, Theodor, von Olten (Solothurn), Isembart et Gormont. Entwickelung der Sage und historische Grundlage. Züricher Diss. Basel, Buchdr. Emil Birkhäuser. 1895. 1018.

Foerster, W., Friedrich Diez. II. Fortsetzung der Freundesbriefe von Friedrich Diez (Bonn 1894). (Briefwechsel Diez-Ebenau.) (S.-A. aus ZFSL. XVIII[1] S. 218—254). Berlin, Gronau. 1019.

Foffano, Francesco, Ricerche Letterarie. La cronaca fiorentina di Marchionne di Coppo Stefani. Lettere ed armi nel secolo XVI. Pro e contro il „Furioso". Erasmo da Valvasone. Saggio su la critica letteraria nel secolo decimosettimo. Una polemica letteraria nel settecento. Ap-

pendice. Livorno. Tipografia di Raff. Giusti. 1897. VI, 341 S. L. 3.50. 1020.

Foresti, Arnaldo, [Dr., Prof. di lettere italiane nel R. Istituto Tecnico di Bergamo], Nuove osservazioni intorno all' origine e alle varietà metriche del sonetto nei secoli XIII e XIV. Estratto dal. XII. Vol. degli Atti dell' Ateneo di Bergamo. Bergamo, Istituto italiano d'arti grafiche. 1895. (1896.) 1021.

Foscolo, Ugo, Prose scelte critiche e letterarie. Con note e prefazione del Prof. Raffaello Fornaciari. (Collezione scolastica secondo i Programmi governativi.) Firenze, G. Barbèra. 1896. L. 2.50. 1022.

Französisch-englische Klassiker-Bibliothek. Herausg. von J. Bauer und Dr. Th. Link. The School for scandal. A comedy in five acts by R. B. Sheridan. Zum Schulgebrauch herausgeg. von Leo Türkheim. Mit Anmerk. und einem Wörterbuch. München 1897. J. Lindauersche Buchh. VI, 162 S. 1023.

Friesland, Carl, Zu Audigier. — Nachträge zu Zeitschrift XVII., S. 263 u. XVIII., S. 60. Miszellen. (S.-A. aus ZFSL. XVIII[2], S. 241—244.) Berlin, W. Gronau. 1024.

Friesland, Carl, Wegweiser durch das dem Studium der französischen Sprache u. Litteratur dienende bibliographische Material. Ein Hilfsbuch für Neuphilologen. Göttingen. Lüder Horstmann. 1897. 8 unpag., 37 p. 8. 75 Pf. 1025.

Froment, Éd. et Müller, L. Guide épistolaire français-allemand. Modèles de lettres sur toutes sortes de sujets avec la traduction allemande en regard. A l'usage des personnes qui étudient le français et de celles qui

3*

veulent s'exercer à écrire dans cette langue ou en allemand. Avec une correspondance commerciale et des modèles d'annonces, et précédée d'un avant-propos par A. Peschier, docteur en philosophie. Onzième édition. Deutsch-Französischer Briefsteller. Muster zu Briefen jeder Art mit der gegenüberstehenden französ. Übersetzung. Zum Gebrauch beim Unterricht und für Personen, welche französische und deutsche Briefe abzufassen haben. Nebst einer vollständigen Handelskorrespondenz und Formularen zu Geschäftsaufsätzen und Zeitungsanzeigen, sowie einem Vorwort von Dr. A. Peschier. Elfte Auflage. Stuttgart, Paul Neff, 1889. VI, 359 S. geb. Mk. 2.75.   1026.

Fubse, Franz, Sitten und Gebräuche der Deutschen beim Essen u. Trinken von den ältesten Zeiten bis zum Schlusse des XI. Jahrhunderts. Eine germanistisch-antiquarische Abhandlung. Göttinger Diss. Gedruckt bei Otto Wollermann, Wolfenbüttel, 1891. Mk. 1.   1027.

Fumagalli, Giuseppe, Chi l'ha detto? Tesoro di citazioni italiane e straniere di origine letteraria e storica. Indicate ordinate e annotate. Seconda edizione riveduta ed arricchita. Hoepli, Milano 1896. L. 5.   1028.

Galletti, Gino, Poesia popolare livornese. Livorno, Raff. Giusti, 1896. L. 1.50.   1029.

Gands, P., ehem. Gymnasiallehrer in Frankfurt a./M.!, Anleitung zur Erlernung der französ. Sprache. Für den Schul- u. Privatgebrauch. Dreissigste Auflage. Frankfurt a./M. Carl Jügels Verl. (Moritz Abendroth) 1896. geb. 3 Mk.   1030.

Gaspari, Gaetano, Catalogo della Biblioteca del Liceo musicale di Bologna, compilato da ..... Compiuto e pubblicato da Federico Parisini. Per cura del Municipio. Vol. I, 1890, L. 20. Vol. II, 1892, L. 26. — — — — — Compiuto e pubblicato da Luigi Torchi. Per cura del Municipio. Vol. III, 1893, L. 20. Bologna, Romagnoli Dall'Acqua. 1031.

Gassner, Dr. Armin, Das altspanische Verbum. Halle a./S. Niemeyer, 1397. VIII, 208 S. Mk. 5.   1032.

Gaster, M., Chrestomatie română. Texte tipărite și manuscrise [sec. XVI—XIX], dialectale și populare cu o Introducere, Gramatică și un Glosar româno-francez. Vol. I: Introducere, Gramatică, Texte [1550 — 1710]. Vol. II: Texte [1710—1830], Dialectologie, Literatură populară, Glosar. Leipzig, F. A. Brockhaus, Bucureșci, Socecŭ & Co., 1891. Mk. 18.   1033.

Gattinger, E., Dr. phil. (Wien), Die Lyrik Lydgates. [WBEPh. IV. Band.] Wien und Leipzig, Wilh. Braumüller. 1896. Mk. 2.40.   1034.

Des Pfarrers von Öttingen Wolfgang Gebhardt Reisetagebuch von 1569 und 1570. Sprachlich erneut herausgegeben von Dr. Ferdinand Khull. Graz, Verl.-Buchh. „Styria", 1897. 90 S. Mk. 1.—   1035.

Die Gegenwart. Band L. Nr. 52. 26. Dezember 1896. Enthält u. A.: Victor Hugos Briefe von Ludwig Geiger. — Zur Quellenfrage des Shakespeareschen „Sturm". Von Wilhelm Bolin.   1036.

Geiger, Ludwig, Dichter und Frauen. Vorträge und Abhandlungen. Berlin, Gebr. Paetel. (Elwin Paetel.) 1896. 384 S. M. 7.   1037.

Gerini, Prof. Dott., G. B., Gli Scrittori Pedagogici Italiani del secolo decimoquinto. (CLIE. 337.) 1896.

Ditta G. B. Paravia e Comp. Torino-Roma — Milano — Firenze — Napoli. L. 4. 1038.

Ghignoni, A., Prof., Sulla origine della lingua italiana. Lezione. Torino. Carlo Clausen. 1897. 52 S. L. 1.20. 1039.

Il Giudizio universale in Canavese. Pubblicato e commentato da Costantino Nigra e Delfino Orsi. (Rappresentazioni popolari in Piemonte.) 1896. Roux Frassati e C. Torino. 208 S. 1040.

Glaser, dr. Karol, profesor pri c. kr. gimnaziji v Trstu, Zgodovina slovenskega slovstva. I. zvezek: Od procetka do francoske revolucije. II. zvezek: Od francoske revolucije do 1848. Založila Slovenska Matica. V Ljubljani. Tiskala „katoliška tiskarna". 1894. 1895. 1041.

Glasnik zemaljskog muzeja u Bosni i Hercegovini. Urednik: Kosta Hörmann, vladin savjetnik. Godina III—IX. 1891. 1892. 1893. 1894. 1895. 1896. 1897. Sarajevo, Zemaljska štamparija. 1891—1897. 1042.

Glöde, Dr. O., oberlehrer am grossh. gymnasium zu Doberan i./M., Die französische interpunktionslehre. Die wichtigsten regeln über die französischen satz- oder lesezeichen und die redestriche dargestellt und durch beispiele erläutert. Marburg, N. G. Elwert 1897. XII, 47 S. 1043.

Gobineau, Graf, Die Renaissance. Historische Scenen. Deutsch von Ludwig Schemann. (Univ.-Bibl. 3511 — 3515.) Leipzig, Reclam. Mk. 1.— 1044.

Goebel, Fritz aus Kehdingbruch (Prov. Hannover), Untersuchungen über die altprovenzalische Trophimus-Legende.

Marb. Diss. Marburg, Univ.-Buchdr. (R. Friedrich). 1896. 1045.

Gomis, D. Cels, Botánica popular ab gran nombre de confrontacions. (Folk-Lore Català. Biblioteca popular de la Associació d'excursions catalana. Director: Ramon Arabia y Solanas. Vol. VL) Barcelona. Llibreria de D. Álvar Verdaguer, Rambla del Mitj, núm. 5. 1891. Preu 8 rals. 1046.

Good, Arthur, La science amusante. Expériences de physique et géométrie pratique. Mit Anmerkungen zum Schulgebrauch herausgegeben von Dr. Gustav Ramme. Oberlehrer am Friedrichs-Realgymnasium zu Berlin. Mit 25 Abbildungen im Text. Prosateurs Français. 104. Lieferung. Bielefeld u. Leipzig. Velhagen & Klasing. 1895. VI, 86 S. 75 Pf. Anhang hierzu: 27 S. Wörterbuch: 41 S. 20 Pf. 1047.

Graf, Arturo, Miti, Leggende e Superstizioni del medio evo. Vol. I. Il mito del paradiso terrestre. Il riposo dei dannati. La credenza nella fatalità 1892. L. 5. Vol. II. La leggenda di un pontefice. Demonologia di Dante. Un monte di Pilato in Italia. Fu superstizioso il Boccaccio? San Giuliano nel „Decamerone" e altrove. Il rifiuto di Celestino V. La leggenda di un filosofo. Artù nell' Etna. Un mito geografico. 1898. L. 5. Torino, Loescher. 1048.

Graffunder, P., Ballade und Romanze. (Gr. 55. Jahrg., Nr. 37, S. 508 ff.) Grunow, Leipzig 1896. 1049.

Grammont, Maurice, [Professeur à l'Université de Montpellier], La dissimilation consonantique dans les langues indo-européennes et dans les langues-romanes. Dijon, Imprimerie Darantière. Paris, Rousseau, Rue Soufflot. 1895. 1050.

Grape, Fr. G. J., Spanien und das Evangelium. Ergebnisse einer neunmonatlichen Studienreise. Mit 9 Bildern nach photographischen Aufnahmen des Verf. Halle a./S., Eugen Strien, 1896. Mk. 6.—   1051.

Gregorio, Giacomo de, Prof. pareggiato nella R. Università di Palermo, Glottologia. (MH. serie scientifica 218 — 219.) Hoepli, Milano. 1896. L. 3.—   1052.

Guardione, Francesco, Tomaso Fazello. (Estr. dagli Atti e Rendiconti dell' Accademia di Scienze Lettere e Arti del Zelanti e PP. dello Studio di Acireale. Vol. VI. 1894. S. 57—85.)   1053.

Guardione, Francesco, Francesco Maurolico nel secolo XVI. Palermo, Tip. „Lo Statuto". 1895.   1054.

Guardione, Francesco, Nuovi documenti sulla Battaglia navale in Augusta nel 1676 e sulla morte di Michele Adriano Ruyter. Palermo, Reber. 1896. L. 1.   1055.

Guarnerio, Dott. Pier Enea, Libero Docente nella R. Università di Genova, Pietro Guglielmo di Luserna. Trovatore italiano del sec. XIII. Notizie e poesie. Genova, Tipografia di Angelo Ciminago. Vico Mele 7, int. 5—6. 1896. (Estr. dal GSLCS., fasc. III, 1896.) 50 S.   1056.

Guarnerio, Prof. Dott., Pier Enea, Gli apparecchi fisici ed il loro ufficio nello studio storico della parola. Prolusione a un corso libero di Storia comparata delle lingue neo-latine, letta nell' Università di Genova il 30 Gennaio 1897. Genova, Tip. di Angelo Ciminago. Vico Mele 7, int. 5—6. 1897. (Estr. dal GSLCS. fasc. I, 1897.) 31 S.   1057.

Guerlin de Guer, Charles, élève de l'École pratique des Hautes-Études,

Le patois normand. Introduction à l'Étude des parlers de Normandie avec une lettre-préface de M. J. Gilliéron, Maître de conférences de Dialectologie gallo-romane, Directeur-adjoint à l'École pratique des Hautes-Études. Caen, E. Lanier, Imprimeur, 1 et 3, rue Guillaume. Paris, H. Champion. 1896. VIII, 758. fr. 2.50.   1058.

Guzman, Fernan Perez de, Some unpublished poems of . . . . With an introduction by Dr. Hugo A. Rennert of the University of Pennsylvania. Baltimore, John Murphy & Co. 1897. (Reprinted from the PMLA. Vol. XII, Nr. 2.) 51 S.   1059.

Haack, Gustav aus Dassendorf in Lauenburg, Untersuchungen zur Quellenkunde von Lesage's „Gil Blas de Santillane". Kiel. Diss. Kiel 1896. Druck der „Nord-Ostsee-Zeitung". 98 S.   1060.

Haan, F. de, Barlaam and Josaaph in Spain. (MLN. Vol. X, Nr. 1, S. 22—34. January 1895.)   1061.

Haberland, Fritz, Oberlehrer, Krieg im Frieden. III. Teil. Ritter und Turniere im heutigen Deutsch. RPGPr. 1895/96. (S. Nr. 635.) Lüdenscheid, 1896. Pr. Nr. 380.   1062.

Habl, Hjalmar, Les tendances morales dans l'œuvre de Giacomo Leopardi. Helsingfors 1896. IV, 209 S.   1063.

Hahn, Ludwig aus Voelkershausen, Lo Gardacors. Provenzalische Dichtung des 14. Jahrhunderts, aus einer Florentiner Hs. zum ersten Male vollständig veröffentlicht. I. Teil: Metrische und sprachliche Untersuchung. Marb. Diss. Marburg, Univ.-Buchdr. (R. Friedrich). 1896.   1064.

Hanssen, Federico, Sobre la conjugacion del libre de Apolonio. (Publ.

en los AUCh.) Santiago de Chile, Imprenta Cervantes, 1896. 1065.

Hanssen, Federico, Estudios sobre la conjugacion aragonesa. (Publ. en los AUCh. Tomo XCIII.) Santiago de Chile, Imprenta Cervantes. 1896. 1066.

Hanssen, Federico, Estudios sobre la conjugacion leonesa. (Publicado en los AUCh. de Noviembre.) Santiago de Chile, Imprenta Cervantes. 1896. 57 S. 1067.

Hanssen, Federico, Sobre el hiato en la antigua versificacion castellana. (Publicado en los AUCh. de Diciembre.) Santiago de Chile, Imprenta Cervantes. 1896. 33 S. 1068.

Hanssen, Federico, Miscelánea de Versificacion Castellana. (Publicado en los AUCh. de Febrero.) Santiago de Chile, Imprenta Cervantes. 1897. 50 S. 1069.

Harczyk, Prof. Dr. Ignaz, Erläuterungen zu Racines Phädra. Pr. des städt. Johannes-Gymnasiums zu Breslau für das Schuljahr von Ostern 1896 bis Ostern 1897. Breslau 1897. Druck von Grass, Barth & Comp. (W. Friedrich). Pr.-Nr.182. 42 S. 4°. 1070.

Harkensee. Dr. Heinrich, Beiträge zur Geschichte der Emigranten in Hamburg. I. Das französische Theater. Wissensch. Beilage zum Jahresb. des Realgymn. des Johanneums in Hamburg. Ostern 1896. Hamburg 1896. Gedruckt bei Lütcke & Wulff. Pr.-Nr. 750. 1071.

Hart, Julius, Geschichte der Weltlitteratur und des Theaters aller Zeiten und Völker. In zwei Bänden. Gegen 1000 Abbildungen im Text. Zahlreiche Tafeln in Schwarz- und Farbendruck. Band I, 1894. Band II, 1896. Neudamm, Verlag von J. Neumann.

(Hausschatz des Wissens, Abteil. X, Bd. 15 u. 16.) 1072.

Hartmann, K. A. Martin, Reiseeindrücke und Beobachtungen eines deutschen Neuphilologen in d.Schweiz und in Frankreich. Leipzig. Dr. P. Stoltes Verlagsbuchh. 1897. VIII u. 194 S. 1073.

Hartmann, Rudolf, Prof., Über den Gebrauch des Infinitivs im Deutschen und im Französischen. Aus der Einladungsschrift des kgl. Karls-Gymnasiums in Heilbronn. Schuljahr 1895—1896. Heilbronn, Oehlersche Buch- und Kunstdr. (Paul Kostenbader). 1896. 42 S. 1074.

Dictionnaire général de la langue française du commencement du XVII e s. jusqu'à nos jours. Précédé d'un traité de la formation de la langue et contenant: 1° la prononciation figurée des mots; 2° leur étymologie; leurs transformations successives, avec renvoi aux chapitres du traité qui les expliquent; et l'exemple le plus ancien de leur emploi; 3° leur sens propre, leurs sens dérivés et figurés, dans l'ordre à la fois historique et logique de leur développement; 4° des exemples tirés des meilleurs écrivains, avec indication de la source des passages cités, par MM. Adolphe Hatzfeld, professeur de rhétorique au Lycée Louis-le-Grand et Arsène Darmesteter, professeur de littérature française du moyen âge et d'histoire de la langue française à la Faculté des lettres de Paris. Avec le concours de M. Antoine Thomas, Chargé du cours de philologie romane à la Faculté des lettres de Paris. Paris, Ch. Delagrave, Fasc. 1—21. 1075.

Hauffen, Dr. Adolf, Dozent an der deutschen Universität Prag, Die

deutsche Sprachinsel Gottschee. Geschichte und Mundart, Lebensverhältnisse, Sitten und Gebräuche, Sagen,
Märchen und Lieder. Mit vier Abbildungen und eine.· Sprachkarte.
(QFÖ. III.) Graz, k. k. Universitäts-
buchdr. und Verlagsb. „Styria“. 1895.
Mk. 8.   1076.
Heine, K., Lehrer der französischen
und englischen Sprache an d. Knaben-
mittelschule und Stadttöchterschule in
Hannover-Linden, Einführung in die
französische Konversation auf Grund
der Anschauung. Ausgabe A. Nach
den Bildern von Strübing-Winckel-
mann. geb. 90 Pf. — Ausgabe B.
Nach den Bildertafeln von Ed. HölzeL
geb. 1 Mk. Für die Hand der Schüler
bearbeitet. Hannover u. Berlin, 1896.
Carl Meyer. (Gust. Prior.)   1077.

Heine, Karl, Methodische Winke für
die Introduction à la conversation
française à base d'intuition. Zu Ausgabe A. und B. Hannover und Berlin S. W., 1896. Carl Meyer (Gust.
Prior). 25 Pf.   1078.

Henri, Victor, Professeur de Sanscrit
et Grammaire comparée des langues
indo-européennes à la Faculté des
Lettres de Paris, Antinomies Lin-
guistiques. (BFLPa. II). Paris, Félix
Alcan. 1896. Fr. 2.   1079.

Hermann, Dr. Eduard, Hülfslehrer,
Das Pronomen *ios als Adjektivum.
Wissensch. Beil. z. Einladungsschrift
des Gymnasium Casimirianum zu Co-
burg z. öff. Prüfung und Schlussfeier
am 13. und 14. April 1897. Coburg.
Druck der Dietzschen Hofbuchdr. 1897.
Pr.-Nr. 729. 4°. 29 S.   1080.

Herntrich, C., Pastor, Augustin und
Rousseau, nach ihren „Bekenntnissen“
beurteilt. Schleswig, Julius Bergas.
1896.   1081.

Héron, A., La légende d'Alexandre &
d'Aristote. Rouen. De l'imprimerie
Cagniard, 1892, 64 S.   1082.

Hessus, Helius Eobanus, Noriberga
illustrata und andere Städtegedichte.
Herausgeg. von Joseph Neff. Mit
Illustrationen des 16. Jahrhunderts
und kunsthistorischen Erläuterungen
von Valer von Loga. (LLD. Nr. 12.)
Berlin, Weidmann. 1896. LIV, 91 S.
Mk. 3.   1083.

Heuzey, Jules-Philippe, Les actes de
Diotime. Préface de Jules Lemaître
de l'Académie Française. Paris, C.
Lévy. 1896.   1084.

Hildebrandt, Paul, Bemerkungen zu
André Chénier. Wissensch. Beil. zum
Jahresber. des Berl. Gymn. z. Grauen
Kloster zu Berlin. Ostern 1897. Ber-
lin 1897. R. Gaertner. Pr.-Nr. 51.
22 S. 4°.   1085.

Hinstorff, Carl August, Kultur-
geschichtliches im „Roman de l'Es-
confle“ und im „Roman de la Rose
ou de Guillaume de Dole“. Ein Beitrag zur Erklärung der beiden Romane.
Heidelb. Diss. Darmstadt, G. Otto's
Hofbuchdr. 1896.   1086.

Höfler, Dr. M., Zur Opfer-Anatomie.
(S.-A. aus dem Correspondenzbl. der
deutschen anthropolog. Gesellsch.
Nr. 1, 1896.) 7 S. 4°.   1087.

XXV anni di vita editoriale. Catalogo
cronologico, alfabetico-critico siste-
matico e per soggetti delle edizioni Hoepli 1872—1896 con introduzione di Gaetano Negri. Hoepli
Milano. 1896.   1088.

Hofmann, Alfred, Die sardinische
Volksdichtung. (ML. 65. Jahrg., Nr.29,
Sp. 910—916.)   1089.

Hohlfeld, A. R., Contributions to a
Bibliography of Racine. (Deprinted
from MLN. vol. XI, May 1896.) 1090.

Holder, Alfred, Alt-Celtischer Sprachschatz. Neunte Lieferung. I.-Livius. Leipzig, B. G. Teubner. 1897. (Siehe Nr. 213.) 1091.

Holm, Adolf, Deecke, W., Soltau, W., Kulturgeschichte des Klassischen Altertums. Leipzig, P. Friesenhahn. 1897. 1092.

Holtermann, Dr. Karl, Oberlehrer, Französische Sprechübungen im Anschlusse an Gegenstände des täglichen Lebens. Zum Gebrauch für höhere Schulen. Münster i./W. Druck und Verl. der Aschendorffschen Buchh. 1896. IV. u. 89 S. Mk. 1. 1093.

Hosch, Dr. Siegfried, Oberlehrer a. d. Luisenstädt. Oberrealsch., Französ. Flickwörter. Teil III. Wissensch. Beil. z. Jahresber. der Luisenstädt. Oberrealsch. in Berlin. Ostern 1897. Berlin 1897. Gaertner. Pr.-Nr. 115. (S. Nr. 645.) 33 S. 4°. 1094.

Hrkal, Prof. Ed., Études sur le patois de Démuin. XXXII. Jahresber. über die nied.-österr. Landes-Oberrealsch. und die mit derselben verbundene Landes-Handelssch. in Krems, veröffentlicht am Schlusse des Schuljahres 1895. Krems 1895. Selbstverlag der Landes-Oberrealsch. Druck von M. Pammer in Krems. 1095.

Hüllweck, Dr., Oberlehrer, Adverbiale Bestimmungen zwischen Subjekt und Prädikat im Französischen. Wissensch. Abhandl. z. Bericht des Herzogl. Francisceums zu Zerbst über das Schuljahr Ostern 1896 bis Ostern 1897. Zerbst 1897. Druck von Otto Schnee. Pr.-Nr. 712. XVII S. 1096.

Huit Chants héroïques de l'ancienne France (XIIe—XVIIIe siècles). Poèmes et musique recueillis et publiés par M. Pierre Aubry. Préface de M. Gaston Paris. Paris, Union pour

l'Action morale. 6. Impasse Ronsin, 152, rue de Vaugirard. 19 S. Text, 25 S. Notendruck. Fr. 5. 1097.

Hugo, Victor, Préface de Cromwell. Für die Zwecke der Schule verkürzt und erklärt von Dr. O. Weissenfels, Professor am königl. französ. Gymnasium in Berlin.(SBFEPS. Abt.I. Französ. Schriften. 27. Bändchen.) Berlin 1896. R. Gaertner. VI, 96 S. geb. 1 Mk. 1098.

Hummel, Dr. Franz, Direktor, Zur Pflege der Aussprache im neusprachlichen Unterrichte. Siebenter Jahresbericht über die Städt. Realschule zu Magdeburg. Ostern 1896 bis Ostern 1897. Magdeburg. Druck von E. Baensch, jun. 1897. Pr.-Nr. 282. 18 S. 1099.

Incantamenta Magica, graeca latina. Collegit, disposuit, edidit Ricardus Heim. Commentatio ex supplemento undevicesimo annalium philologicorum seorsum expressa. Lipsiae. In aedibus B. G. Teubneri. MDCCCXCII. Mk. 2.80. 1100.

Italienische Lyrik seit der Mitte des dreizehnten Jahrhunderts bis auf die Gegenwart. In deutschen Übertragungen herausgegeben und mit biographischen Notizen versehen von Fritz Gundlach. Lieferung 1, 2, 3, 4, 5, 6. Berlin, A. Duncker, 1897. à 1 Mk. 1101.

Dritter Jahresbericht des Instituts für Rumänische Sprache (rumänisches Seminar) zu Leipzig. Herausgegeben von dem Leiter des Instituts Dr. Gust. Weigand. [Enthält: Vorwort und Jahresbericht. Die Entwickelung von e vor Nasalen in den lateinischen Elementen des Rumänischen von Arthur Byhan. Der

Stil der aromunischen Volkslieder von
Kurt Schladebach. Die Bildung
des Imperfecti Futuri (Konditionalis,
Optativi) im Rumänischen von Gustav
Weigand. Aromunische Texte aus Mo-
nastir mitgeteilt von G. Saīakdži,
übersetzt von G. Weigand. Beiträge
zum Studium des Altrumänischen von
Jon Papp. Die Anwendung von pre
als Akkusativzeichen v. St. Stinghe.
Der Banater Dialekt von Gustav Weigand.] Leipzig, J. A. Barth, 1896. 1102.

Jantzen, Hermann, Geschichte des
deutschen Streitgedichtes im Mittelalter mit Berücksichtigung ähnlicher
Erscheinungen in anderen Littera-
turen. Eine literarhistorische Untersuchung. (GA. Heft XIII.) Breslau.
Koebner 1896. Mk. 3. 1103.

Jarro, Vittorio Alfieri a Firenze. Ri-
cordo storico su documenti inediti.
Un attore toscano e Vittorio Alfieri. —
Relazioni dell' attore Morrocchesi col
Foscolo, il Monti, il Perticari, il Pellico.
—Una recita del Saul al Teatro Santa
Maria di Firenze. — Vittorio Alfieri
assiste alla recita. — Si dà al Teatro
il nome di Alfieri. Firenze. R. Bemporad & Figlio. Via del Proconsolo, 7.
1896. 36 S. L. 2. 1104.

Johannesson, Fritz, Zur Lehre vom
französischen Reim. Zweiter Teil.
Wissensch. Beil. z. Jahresber. des
Andreas-Realgymn. zu Berlin. Ostern
1897. Berlin 1897. Gaertner. Pr.-
Nr. 92 (Siehe Nr. 656.) 26 S. 4°. 1105.

Kalbfleisch, Wilh., aus Ober-Moos,
Die Realien in dem altfranzösischen
Epos „Raoul de Cambrai". Giess.
Diss. Giessen 1897. Grossb. Hof-
und Univers.-Druckerei Curt von
Münchow. 1106.

Kehr, P., Über eine römische Papyrus-
urkunde im Staatsarchiv zu Marburg.

Mit drei Facsimile auf zwei Tafeln.
(Abhandlungen der königl. Gesellschaft d. Wissenschaften zu Göttingen,
ph.-h. Kl. N. F. Band 1, Nr. 1.) Berlin,
Weidmann. 1896. 1107.

Kehrli, Dr. Heinrich, Die Phaeton-
fabel im Ovide moralisé. (Beil. zum
Pr. des städt. Gymn. in Bern. 1897.)
Bern, Buchdr. Stämpfli & Cie. 1897.
37 S. 4°. 1108.

Keidel, George, Jubinal's Évangile
aux Femmes. (MLN. Vol. X, Nr. 1,
January 1895, S. 19—21.) 1109.

Keidel, George, C., Ph. D., Assistant
in Romance Languages in the Johns
Hopkins University, Romance and
Other Studies. Number Two: A Ma-
nual of Aesopic Fable Literature. A
first Book of Reference for the Period
ending A. D. 1500. First fasc.
(With Three Facsimiles.) Baltimore,
The Friedenwald Comp. 1896. 1110.

Keller, Dr. A., Historische Formenlehre der Spanischen Sprache. Im
Selbstverlag d. Verfassers. Murrhardt.
Buchdr. von Fr. Lang. 1894. VIII,
84 S. Mk. 2. 1111.

Keraval, Dr. P., Lauréat de la Faculté de Paris, Ex-médecin en chef
des Asiles de la Seine, Directeur médecin en chef de l'Asile d'Armentières
(Nord), Membre de la Société Asiati-
que de Paris, Le langage écrit. Ses
origines, son développement et son
mécanisme intellectuels. Paris, Société
d'éditions scientifiques. Place de l'école
de médecine. 4, Rue Antoine-Dubois,
4. 1897. IX, 196 S. Fr. 7.50. 1112.

Kerbaker, Michele, Shakespeare e
Goethe nei versi di Vincenzo Monti.
(BCLIt. Nr. 15.) Firenze, G. C. San-
soni 1897. 58 S. L. 0,50. 1113.

Kiesow, Karl, aus Brüel in Mecklen-
burg-Schwerin, Die verschiedenen

Bearbeitungen der Novelle von der Herzogin von Amalfi des Bandello in den Literaturen des XVI. und XVII. Jahrhunderts. (John Websters Duchess of Malfi.) Diss. Leipzig. Halle a./S. Druck von Ehrhardt Karras. 1894. 1114.

Kiesow, Karl, Die verschiedenen Bearbeitungen der Novelle von der Herzogin von Amalfi des Bandello in den Literaturen des XVI. u. XVII. Jahrb. (A. N.F. V. S. 199—258.) 1115.

Kirschstein, H., Analyses des tragédies du Cid, d'Horace et de Phèdre. Wissensch. Beil. z. Pr. d. kgl. Gymn. zu Elbing. Ostern 1896. Elbing. Buchdruckerei Reinhold Kühn. 1896. Pr.-Nr. 29. 1116.

Kleinrussische Volkslieder. Metrisch übersetzt von Ludwig Adolf Staufe-Simiginowicz. Leipzig, Otto Wigand. 1888. Geb. 5 Mk. 1117.

Klinghardt, H., Artikulations- und Hörübungen. Praktisches Hülfsbuch der Phonetik für Studirende und Lehrer. Mit 7 in den Text gedruckten Abbild. Cöthen. Otto Schulze. 1897. 1118.

Klöpper, Dr. Clemens, Wiedergabe der deutschen Adjektive, Adverbien, Verben und Präpositionen im Französischen. Grammatisch-stilistische Studie. NAbh. Heft 1. Dresden und Leipzig, C. A. Koch. (H. Ehlers & Cie.) 1896. Mk. 3.50. 1119.

Knigge, Dr., Oberlehrer, Über die Auswahl einer französischen Grammatik für das Gymnasium. Beil. zum Jahresber. des Marien-Gymnasiums zu Jever. Ostern. 1897. Pr.-Nr. 696. (Druck von C. L. Mettcker & Söhne in Jever.) 49 S. 1120.

Kobler, Karl, Oberlehrer, De la tendance sentimentale dans la littérature française au 18e siècle. GPr. Schlett-stadt (1894—95). Schlettstadt, Buchdruckerei H. Marchal & Cie. 1895. Pr.-Nr. 528. 1121.

Französische Sprachlehre von Dr. F. Koch, Lehrer am Realgymn. und an der Oberrealsch. zu Bremen und M. Delanghe, Professeur aux cours supérieurs de la „Société pour la propagation des langues étrangères à Paris". Im Anschluss an den Sprachstoff in Exercices pour la leçon de conversation française d'après les Tableaux de Hölzel par L. Durand et M. Delanghe. Mit vollständigem Wörterbuch. (Konversationsunterricht im Französ., Bd. III.) Giessen, Roth 1896. 80 Pf. geb. Mk. 1. 1122.

Koch, Dr. John, Oberlehrer am Dorotheenstädtischen Realgymnasium zu Berlin, Praktisches Lehrbuch zur Erlernung der französischen Sprache. I. Teil. Elementarbuch. Zweite verbesserte Aufl. Berlin 1897. Emil Goldschmidt, Nettelbeckstr. Nr. 23. Mk. 1.80. 1123

Kock, Axel, Om Språkets förändring. (Populärt vetenskapliga föreläsningar vid Göteborgs Högskola. III.) Göteborg, Wettergren & Kerber. 1896. Kr. 1.75. 1124.

Koeppel, Emil, Studien zur Geschichte der italienischen Novelle in der englischen Litteratur des sechzehnten Jahrhunderts. (QF. Heft 70.) Strassburg. Trübner 1892. 1125.

Koeppel, Emil, Quellenstudien zu den Dramen George Chapman's, Philip Massinger's und John Ford's (QF. 82. Heft.) Strassburg, Karl J. Trübner. 1897. 229 S. Mk. 6. 1126.

Körting, Gustav, Neugriechisch und Romanisch. Ein Beitrag zur Sprachvergleichung. Berlin. W. Gronau. 1896. Mk. 4.— 1127.

Karl Vollmöller

Körting, Gustav, Geschichte des griechischen und römischen Theaters. (Geschichte des Theaters in seinen Beziehungen zur Entwickelung der dramatischen Dichtkunst. Erster Band.) Paderborn. Ferdinand Schöningh. 1897. IX, 381 S. Mk. 9. **1128.**

Kos, dr. Franc, c. kr. profesor, Doneski k Zgodovini Škofje Loke in njenega skraja. Ljubljana. Založila „Matica Slovenska". Tisk J. Blasnikovih naslednikov. 1894. **1129.**

Koschwitz, Eduard, professeur à l'Université de Marbourg, Les parlers parisiens d'après les témoignages de MM. de Bornier, Coppée, A. Daudet, P. Desjardins, Got, Mᵐᵉ· d'Hulst, le P. Hyacinthe, Leconte de Lisle, G. Paris, Renan, Rod, Sully-Prudhomme, Zola, et autres. Anthologie phonétique. Deuxième édition, revue et augmentée. Paris. Welter. 1896. fr. 4.50. **1130.**

Kraus, Franz Xaver, Essays. Erste Sammlung. Berlin. Gebrüder Paetel. (Elwin Paetel.) 1896. VIII, 546 S. Mk. 10. **1131.**

Kraus, Friedrich, wissenschaftl. Lehrer in Hannover, Über Girbert de Montreuil und seine Werke. Würzb. Diss. Erlangen, Fr. Junge. 1897. 83 S. **1132.**

Kristian von Troyes Erec und Enide. Neue verbesserte Textausgabe mit Einl. und Glossar. Herausgeg. von Dr. Wendelin Foerster. Halle a./S. Niemeyer. 1896. Mk. 6. RB. Nr. 13. **1133.**

Kron, Dr. R., Oberlehrer, Le Petit Parisien. Pariser Französisch. Ein Fortbildungsmittel für diejenigen, welche die lebendige Umgangssprache auf allen Gebieten des täglichen Verkehrs erlernen wollen. Nebst einer systematischen

Frageschule als Anweisung zum Studium. Zweite, verbesserte und erweiterte Aufl. Karlsruhe. J. Bielefeld. 1896. VIII, 151 S. 12°. Mk. 2.20. **1134.**

Kron, Dr. R., Oberlehrer, Le petit Parisien. (Siehe vor. Nr.) Dritte, verbesserte und erweiterte Auflage. Karlsruhe. J. Bielefeld. 1897. VIII, 176 S. Mk. 2.40. **1135.**

Krumbacher, Karl, Mittelgriechische Sprichwörter. (Aus SBAkMünchenphKl. 1893, Bd. II, Heft 1.) München 1893. Verl. der K. B. Ak. der Wissensch. In Komm. des G. Franzschen Verlags (J. Roth). **1136.**

Kugel, August, aus Eisenach, Untersuchungen zu Molière's Médecin malgré lui und seine Hauptquellen. Ein Beitrag zur Molièreforschung und zur vergleichenden Litteraturgeschichte. Jenaer Diss. Berlin, Wilhelm Gronau, 1897. 34 S. **1137.**

Lang, H. R., The Relations of the Earliest Portuguese Lyric School with the Troubadours and Trouvères. (MLN. Vol. X, Nr. 4, S. 207—231.) April 1895. **1138.**

Langenscheidt, G., Konjugationsmuster für alle Verba der französ. Sprache, regelmässige wie unregelmässige. Mit Angabe der Aussprache jeder aufgeführten Zeitform und Person. Vierte Aufl. Berlin SW. 46. Halleschе Str. 17. Langenscheidt. 1897. 54 S. ungeb. Mk. 1. **1139.**

Larra, Mariano José, Tu Amor ó la Muerte. Mit erklärenden Anmerkungen herausgegeben von Dr. Adolf Kressner. (BSS. XIX. Bändchen.) Leipzig 1896. Renger. VI, 34 S. 60 Pf. **1140.**

Lattmann, Dr. Hermann, De coniunctivo latino. (S.-A. aus der Festschrift zur Feier des 350 jährigen Bestehens der Königlichen Klosterschule Ilfeld.) Göttingen, Vandenhoeck & Ruprecht. 1895. Mk. 1.— 1141.

Lecoy de la Marche, A., Le Treizième Siècle littéraire et scientifique. (Collection littéraire.) Société de Saint-Augustin, Desclée, de Brouwer & Cie. 1894. (Umschlag 1895.) 366 S. 1142.

Lefèvre, Dr., Oberlehrer, Les Quatre Saisons représentées pour la leçon de conversation française d'après 4 tableaux appelés „Strassburger Bilder". Cöthen, Otto Schulze. 1897. VI u. 94 S. 1143.

Legis Romanae Wisigothorum Fragmenta ex Codice Palimpsesto sanctae Legionensis Ecclesiae protulit illustravit ac sumptu publico edidit Regia Historiae Academia Hispana. Matriti. Apud Ricardum Fe, Regiae Academiae Typographum. MDCCCXCVI. XXVII, 439 S. gr. 4°. 1144.

Lemaître, Jules, de l'Académie Française, Impressions de théâtre. Neuvième Série. Euripide. Soudraka. Kalidâsâ. Crébillon. Alfred de Musset. Labiche. Henrik Ibsen. Paul Heyse. Mlle Ellin Ameen. Sudermann. Strindberg. Alexandre Dumas fils. Edouard Brandès. Alexandre Dumas. Alfred Capus. Emile Augier. Victorien Sardou. François Coppée. Paul Déroulède. Marcel Prévost. Henri Lavedan. Abel Hermant. Hector Crémieux et Ludovic Halévy. Eugène Rostand. Léon Hennique. Paul Adam. Auguste Dorchain. Gyp. Maurice Donnay. Maurice Beaubourg. Georges Courteline. Emile Fabre. Romain Coolus. Paris, Lecène Oudin et Cie. 1896. Fr. 3.50. 1145.

Lens, Dr. Rodolfo, Profesor del Instituto Pedagójico de Chile, Estudios araucanos. IV. Trozos menores en picunche i huilliche. I. La fiesta de la trilla entre los indios de Collipulli, por Juan Amasa (picunche). — II. Episodio histórico. — III. La erupcion del volcan Calbuco. — IV. La llegada del forastero. — V. Canto del borracho, por Domingo Quintuprai (huillicha). (Publ. en los AUCh. Tomo XCIII.) Santiago de Chile, Imprenta Cervantes. 1896. 1146.

Lens, Dr. Rodolfo, Estudios Araucanos. V. Diálogos en dialecto pehuenche chileno. (Publ. en los AUCh., Tomo XCIII.) Santiago de Chile. Imprenta Cervantes. 1896. 1147.

Lens, Prof. Dr., Die Fremdwörter des Handschuhsheimer Dialektes. I. Teil. Beil. zum Jahresber. der Höheren Mädchensch. zu Baden-Baden für das Schulj. 1895/96. Baden-Baden. Ernst Kölblin, Hof-Buchdr. 1896. 20 S. 4°. 1148.

Lessing: Minna von Barnhelm. Lustspiel in fünf Aufzügen. Zum Übersetzen aus dem Deutschen in das Französische bearbeitet von Dr. Julius Sahr. Dritte Aufl. (Französ. Übungs-Bibl., Nr. 11.) Dresden. L. Ehlermann. 1896. 1149.

Letopis Matice Slovenske. Uredil Anton Bartel. Za Leto 1891, 1892, 1893, 1894, 1895. Založila in izdala Matica Slovenska. V Ljubljani. Natisnila „Narodna Tiskarna". 1891—1895. 1150.

Letopis Matice Srpske, uregjuje A. Hadžió. U Novome Sadu (Neusatz) god. 1891, 1892, 1893, 1894, 1895, Knjiga 165—184. Uregjuje Milan Savió, god. 1896, Knj.185—188, god.1897. Knj.189,190,191,192. 1151.

Lewin, Dr. Hermann, Oberlehrer, Zwei kulturgeschichtliche Bilder in fran-

zösischer und englischer Bearbeitung,
als Mittel zur Anknüpfung von Sprechübungen im neusprachlichen Unterricht. Marburg, N. G. Elwert. 1896.
IV, 41 S. 80 Pf. 1152.

Lidfors, D. Eduardo, Los Cantares
de Myo Cid. Con una introduccion
y notas. Lund, 1895. Imprenta de
E. Malmström. 1153.

Lindner, Dr. Felix, ao. ö. Professor
der romanischen u. englischen Philologie an der Universität Rostock,
Henry Fieldings dramatische Werke.
Litterarische Studie. Leipzig u. Dresden, C. A. Koch. (H. Ehlers & Co.)
1895. Mk. 4.20. 1154.

Linduer, Theodor, Die Fabel von der
Bestattung Karls des Grossen. Aachen,
1893. Cremersche Buchh. 82 S. 1155.

Lindner, Theodor, Zur Fabel von
der Bestattung Karls des Grossen.
Eine Entgegnung. Aachen, 1896.
Kommissions-Verlag der Cremerschen
Buchhandl. (C. Cazin). [S.-A. aus
Bd. XVIII der Zeitschr. des Aachener
Geschichtsvereins.] 12 S. 1156.

Linguist, Unabhängige Zeitung für
alle Freunde der Weltsprache-Idee.
Redaktion: Max Wahren, Friesen-
strasse 39, Hannover (Germania).
1897. 2. Anno. Nr. 1. Nr. 2. 1157.

Linz, F., in Elberfeld, Friedrich der
Grosse und Voltaire. Hamburg. Verlagsanstalt u. Druckerei A.-G. (vormals J. F. Richter). 1897. 35 S.
60 Pf. 1158.

Linz, Friedrich, Elberfeld, Lebens- u.
Charakterbilder aus der Geschichte
der französischen Litteratur. Berlin
1897. Buchh. der Deutschen Lehrer-
zeitung (Fr. Zillessen). 137 Seiten.
Mk. 1.50. 1159.

Novella di Lionora de Bardi e Ippolito Buondelmonti, riprodotta

conforme una stampa del secolo XV,
con una Bibliografia della Novella,
Milano, U. Hoepli [Edizione di soli
100 esemplari numerati. Nr. 26].
[o. J.] 1160.

Lisoni, Alberto, Un famoso commedio-
grafo dimenticato. (G. A. Cicognini).
I. La Vita. Parma, Tip. Ferrari e
Pellegrini. 1896. 33 S. 1161.

Livet, Ch. L., Lexique de la langue
de Molière. Tome deuxième. D—L.
MDCCCXCVI. 666 S. Tome troisième.
M.—Z. MDCCCXCVII. 824 S. (Siehe
Nr. 679.) Paris, Imprimerie Natio-
nale. 1162.

Lodeman, F., Victor Hugo in the
Estimation of his Countrymen. (MLN.
Vol. X. Nr. 4. April 1895, S. 193—
207). 1163.

Lombardo, Giacomo Maria, La deca-
denza del teatro piemontese. Saluzzo.
Tipo-Litografia frat. Lobetti-Bodoni.
Libreria scientifico-letteraria, S. Lat-
tes e C., editori, Via Garibaldi N. 3.
Torino. [1896.] 28 S. 60 Cent. 1164.

Longhaye, Le R. P. G., de la Com-
pagnie de Jésus, Histoire de la Littérature française au dix - septième
siècle. Quatrième et cinquième par-
ties. [Tome IV.] Les écrivains hors
rang: Sévigné, Maintenon, Saint-
Simon. Tableau de la fin du siècle.
Paris, Victor Retaux. 82, rue Bona-
parte. 1896. 1165.

Loth, Johannes, Die Sprichwörter und
Sentenzen der altfranzösischen Fa-
bliaux, nach ihrem Inhalt zusammengestellt. (Fortsetzung.) (S. Nr. 680.)
Ostern 1896. Pr.-Nr. 138. 1166.

Lotheissen, Ferdinand, Geschichte
der französ. Litteratur im XVII. Jahrhundert. Zweite Auflage. Erster Band.
Mit einer Biographie des Verfassers.
Zweiter Band. Mit ausführlichem Re-

gister. Wien, Carl Gerold's Sohn. 1897. XLI, 574 u. 532 S. Mk. 30. 1167.

Lotsch, Dr. F., Wörterbuch zu den Werken Zola's und einiger anderer moderner Schriftsteller. [Nachtrag zu Sachs-Vilatte's Wörterbuch.] Greifswald, J. Abel. 1896. 1168.

Machiavelli, Niccoló, La Mandragola. Pubblicata secondo la piú antica stampa da Giacomo Ulrich, Professore nell' Università di Zurigo. Lipsia. Renger. 1896. Mk. 1.50. 1169.

Macropedius, Georgius, Rebelles und Aluta. Herausgegeben von Johannes Bolte. Mit Bildern u. Notenbeigaben.(LLD. Nr.13.) Berlin, Weidmann 1897. XLII, 104 S. Mk.3. 1170.

Manzoni, Alessandro, I promessi sposi. Storia milanese del secolo XVII scoperta e rifatta. Edizione curata nel testo da Alfonso Cerquetti, illustrata da Gaetano Previati, preceduta dei cenni biografici per Luca Beltrami. Ulrico Hoepli, Milano. (Pubblicazione in ricordanza del XXV anniversario dalla fondazione della Casa Editrice Ulrico Hoepli-Milano.) Fasc. 1°, 1897; 2° e 3°, 1898. 1171.

Marden, C. Carroll, The „Crónica de los rimos antiguos". Deprinted from MLN. vol. XII, April 1897. 5 S. 1172.

Maurer, Robert, Erinnerungen aus Alt-Meran. S.-A. aus Bg. Meran 1892. C. Jandl's Buchdr. (A. Eberlin), Meran. 44 S. 1173.

Maxeiner, Theodor aus Bad-Ems, Beiträge zur Geschichte der französischen Wörter im Mittelhochdeutschen. Marburg. Diss. Marburg, Univ.-Buchdr. (R. Friedrich). 1897. VIII, 79 S. 1174.

Mazzatinti, G., La Biblioteca dei Re d' Aragona in Napoli. Rocca S. Casciano. Licinio Capelli editore 1897 (auf dem Umschlag: Firenze, Bernardo Seeber, Via Tornabuoni, 20.) CLVII. 200 S. L. 10. 1175.

Meaux, Vicomte de, Montalembert. Paris. C. Lévy. 1897. 310 S. Fr. 3.50. 1176.

Meder, Dr. Franz, Oberlehrer, Zur französischen Satzlehre. GPr. Stolp. 1895/1896. Stolp. W. Delmanzsche Buchdr. 1896. Pr.-Nr. 149. 1177.

Meillet, A., Directeur d'études adjoint à l'École des Hautes Études, Recherches sur l'emploi du génitif-accusatif en vieux-slave. Paris, E. Bouillon. 1897. 6 unp., 198 S. (BEHE. fasc. 115.) Fr. 6. 1178.

Melani, Alfredo, Manuale dell' Ornatista, raccolta d'iniziali miniate e incise, d'inquadrature di pagina, di fregi e finalini, esistenti in opere antiche di biblioteche, musei e collezioni private. XXIV tavole in colori per miniatori, calligrafi, pittori d'insegne, ricamatori, incisori, disegnatori di caratteri da stampa ecc. .·. I. serie. U. Hoepli. Milano, MDCCCXCVI. (MH.) L. 4.50. 1179.

Mémoires de la Société néophilologique à Helsingfors. II. Helsingfors, Imprimerie Centrale de Helsingfors, 1897. (Umschlag: Helsingfors, Waseniuska Bokhandeln (i distribution). Paris, H. Welter. Leipzig, Otto Harrasowitz.) VII, 284 S. Enthält: Werner Söderhjelm, Introduction: Nos études. — Hugo Pipping, Zur Definition des H.-Lautes. — J. Uschakoff, Zur Frage von den nasalierten Vokalen im Altfranzösischen. — Alvar Törnudd, Quelques feuilles d'un manuscrit inédit de Sénancour. — Edwin Hagfors, Die Substantivdeklination im

„Volksbuch vom Doctor Faust". — J. O. E. Donner, Ein unbekanntes Gedicht Lady Byrons. — Hugo Palander, Ein deutscher Tiername. — Werner Söderhjelm, Antoine de La Sale et la légende de Tannhäuser. — F. E. Karsten, Beiträge zur Geschichte der altgermanischen ē-Verba. — (M. Wasenius), Liste des travaux néo - philologiques publiés par des auteurs finlandais de 1893—97. 1180.

Menghin, Alois, Aus dem deutschen Südtirol. Mythen, Sagen, Legenden und Schwänke, Sitten und Gebräuche, Meinungen, Sprüche, Redensarten etc. des Volkes an der deutschen Sprachgrenze. Meran, 1884. Plants Buchhandlung. 1181.

Menghin, Alois, Neuentdeckte Wandmalereien des Mittelalters. (Extra-Beilage zu BTV. Nr. 262 und 265, 17., 21. November 1887.) 1182.

Menghin, Alois, Eine verschollene Burg. (BTV. Nr. 262 und 263, 14., 15. November 1888.) 1183.

Menghin, Alois, Auf den Spuren eines grossen Kaisers. (BTV. 76. Jahrg. Nr. 63, 64, 65, 68, 69. 17., 18., 20., 24. 26. März 1890.) 1184.

[Menghin, A.], Wie die Sage entsteht. Eine kulturgeschichtliche Studie. (MZ. 25. Jahrgang, Nr. 210. 16. Septbr. 1891.) 1185.

Menghin, Alois, Die Laaser Marmorwerke. (NFP. Nr. 10776, 23. Aug. 1894.) 1186.

Menghin, Alois, Franz Pendl. Ein Tiroler Künstlerleben. KW. 12. Jahrg. Heft 10. Jänner 1897, S. 413—18. 1187.

Menghin, A., Die Wandgemälde aus dem 17. Jahrhundert in der Pfarrkirche von Taufers im Vinstgau. (Beil. zu Nr. 31 des Bg. vom 17. April 1897). 1188.

Merguet, V., Der Sprachgebrauch des anglonormannischen religiösen Dramas (Mystère) Adam. (In: Festschrift zu der Sonnabend den 1. Oktober 1892 stattfindenden feierlichen Einweihung der neuen Gebäude des kgl. Friedrichskollegiums zu Königsberg Pr. Königsberg. Hartungsche Druck. S. 1—24.) 1189.

Meringer, Dr. Rudolf, k. k. ao. Professor an der Universität Wien, Indogermanische Sprachwissenschaft. (SG. Nr. 59.) Leipzig, Göschen. 1897. 136 S. 80 Pf. 1190.

Merwart, Karl, Reckenspässe. Eine heitere Märe. Mit Benützung einer altfranzös. Sage. Leipzig, Literar. Anst. August Schulze. 1896. 1191.

Meyer, Dr. phil. Adolf, weil. Direktor der höheren Töchtersch. I und der Lehrerinnenbildungsanst., Dozent für Französisch an der Königl. Techn. Hochsch. zu Hannover, Formenlehre und Syntax des französischen und deutschen Thätigkeitswortes. Hannover 1896. Fr. Cruses Buchh. (Carl Georg). 314 S. 1192.

Meyer, Dr. F., Jugenderziehung im Mittelalter, dargestellt nach den altfranzösischen Artus und Abenteuerromanen. Wissensch. Beil. z. 31. Jahresbericht d. städt. Realsch. u. d. Progyms. zu Solingen. Solingen 1896. Gedr. bei B. Boll. Pr.-Nr. 513. 1193.

Meyer, Gustav, Korresp. Mitgl. der kaiserl. Akad. der Wissensch., Albanesische Studien. IV. Das griechisch-südrumänisch - albanesische Wortverzeichnis des Kavalliotis, herausgegeben und erklärt. (SBAkWienphhKL Bd. CXXXII. XII.) Wien 1895. In Komm. bei F. Tempsky. 1194.

Minch, A. N.: Narodnye obyčai, obrjady, suevěrja i predrazsudki krest'jan Saratovskoj gubernii. Sobrany v 1861—1888 godach A. N. M. [Zapiski imperatorskago russkago geografičeskago obščestva po otdělenīja etnografii. Tom XIX. vypusk II.] S. Ptbg. 1890 v tipografii V. Bezobrazova i Komp. 1195.

Mitteilungen der Gesellschaft für deutsche Sprache in Zürich. Heft I. Inhalt: 1. Dr. med. H. Schulthess: Die körperlichen Bedingungen des Sprechens. 2. Prof. O. Haggenmacher: Wahrnehmungen am Sprachgebrauch der jüngsten litterarischen Richtungen. Zürich. E. Speidel, Akad. Verlagsbuchh. 1897. 41 S. Mk. 1. 1196.

Publications of the Modern Language Association of America. Edited by James W. Bright, secretary of the association. Vol. XI, Nr. 1. New Series, Vol. IV, Nr. 1. Baltimore. Published by the Association. Printed by John Murphy & Company. 1895. (Enthält u. a.: I. Fausto, A Gaucho Poem. By F. M. Page. IV. The Phonology of the Spanish Dialect of Mexico City. By C. C. Marden.) 150 S. 1197.

Moesch, Prof. F. u. Diercks, Dr. G., Taschenwörterbuch der Spanischen und Deutschen Sprache nach den besten Wörterbüchern beider Völker verfasst. In zwei Teilen. Erster Teil. Deutsch-Spanisch von Prof. F. Moesch, 1895. Tomo segundo. Español-Alemán por Dr. G. Diercks, 1896. Leipzig, Otto Holtzes Nachf. Mk. 4.50. 1198.

Molière, J.-B. P., L'Avare. Edited with introduction and notes by E. G. W. Braunholtz, M.A., Ph. D., University Lecturer in French. Cambridge: At the University Press. 1897. Pitt Press Series. XLVII u. 244 S. 1199.

Monaci, Ernesto, Una leggenda e una storia versificate nell' antica letteratura abruzzese. (Estr. dal vol. V, fasc. 12° del RAL. Seduto del 20 Dicembre 1896, S. 483—506.) Roma, Tipografia della R. Accademia dei Lincei. 1896. 1200.

Monaci, Ernesto, Crestomazia italiana dei primi secoli con prospetto delle flessioni grammaticali e glossario. Fascicolo secondo. Città di Castello: S. Lapi. MDCCCLXXXXVII. S. 185—520. L. 10. 1201.

Monod, Gabriel, Portraits et souvenirs. Victor Hugo. — Michelet. — Fustel de Coulanges. — V. Duruy. — J. Darmesteter, etc. — Bayreuth en 1876. — Le Jubilé des Nibelungen. — Le Mystère de la Passion à Ober-Ammergau. Paris, C. Lévy. 1897. VIII, 360 S. 1202.

Monti, Vincenzo, Prose scelte critiche e letterarie. Con note e prefazione del Prof. Raffaello Fornaciari (Collezione scolastica secondo i Programmi governativi.) Firenze, G. Barbéra. 1896. L. 2.50. 1203.

Morceaux choisis de Victor Hugo. Poésie. Deuxième édition. Paris. Ch. Delagrave. 1897. 504 S. Fr. 3.50. 1204.

Morf, H., Madame de Staël. (S.-A. aus N. XIII. Jahrg., 1896. Nr. 45 u. 46.) 1205.

Morillot, P., Lesage. Pages choisies des Grands Écrivains. Lectures littéraires. Paris, Armand Colin & Cie. 1896. 1206.

Mott, Lewis Freemann, M. S., The system of courtly love studied as an introduction to the Vita Nuova of Dante. Submitted in partial fulfillment of the requirements for the degree of doctor of philosophy in

4

the Faculty of Philosophy, Columbia University. Boston, U. S. A., and London; Ginn & Company. The Atheneum Press. 1896. VI, 153 S.   1207.

M u c h a, Oscar, aus Spandau, Über Stil und Sprache von Philippe Desportes. Dissert. Rostock. Hamburg. 1895. Druck v. Gebr. Gimmerthal. Verlag v. Johannes Kriebel, Hamburg, Steindamm 1. Mk. 2.   1208.

M ü l l e r, Dr. H., L'influence considérable des mariages princiers et des femmes en général, au moyen âge; particulièrement pendant la „Guerre de Cent ans" entre la France et l'Angleterre (1337—1453). Der grosse Einfluss der fürstlichen Heiraten, und der Frauen im Allgemeinen, im Mittelalter; besonders während des „Hundertjährigen Krieges" zwischen Frankreich und England" (1337—1453). Durchgesehener und verbesserter Sonder-Abdruck aus der Festschrift des Grossherzogl. Gymnasium zu Heidelberg, nebst deutscher Übersetzung und einigen Anmerkungen in beiden Sprachen. Heidelberg. Vorm. Weisaache Univ. - Buchhandl., Theodor Groos. 1897.   1209.

M ü l l e r, Willibald, Beiträge zur Volkskunde der Deutschen in Mähren. Wien u. Olmütz. Carl Graeser. 1893. 1210.

M u r a r i, Rocco, „È li, ma cela lui l'esser profondo" (Note dantesche). Reggio nell' Emilia, Tipogr. di Stefano Calderini e Figlio. 1895.   1211.

N e r z, F., Prof. der neueren Sprachen, Perfectum und Imperfectum respektive Passé défini und Imparfait. Beil. z. Jahresber. 1894/95 des kgl. Alten Gymn. zu Nürnberg. Nürnberg 1895. Gedr. bei U. E. Sebald.   1212.

N e t t e r, Dr. A., Notes sur la vie de Descartes et sur le Discours de la Méthode. (Extr. des MASt.) Nancy, Impr. Berger-Levrault et Cie. 18, Rue des Glacis. 1896.   1213. Die Neueren Sprachen. Band IV, Heft 2. Mai. H. 3. Juni. H. 4. Juli. H. 5. August. H. 6. Oktober. H. 8. Dezember. 1896. (S. Nr. 303.) 1214.

N i c o l a i, Dr. L., Beiträge zum Wortaustausch zwischen Italienischem und Deutschem. Beigabe zum Jahresber. des Carl Friedrichs-Gymn. in Eisenach 1896/97. Eisenach, Hofbuchdr. 1897. Pr.-Nr. 701. 15 S.   1215.

N i e s e, Paul, Oberlehrer, Victor Hugo als Dramatiker. Wissensch. Beil. z. Jahresber. des Königstädt. Gymn. zu Berlin. Ostern 1897. Berlin 1897. R. Gaertner. Pr.-Nr.59. 30 S. 4°. 1216.

N i g r a, Costantino e O r s i, Delfino, La passione in Canavese, pubblicata e commentata da . . . . 1895. Roux Frassati e Co. Torino. (Rappresentazioni popolari in Piemonte.) L. 2. 1217.

N i o x, Général, La guerre de 1870. Simple récit. Troisième édition. Paris. Ch. Delagrave. 149 S. 8 Bilder u. 12 Karten. Fr. 1.25.   1218.

N i t t i, Francesco, di Vito, Il dialetto di Bari. Parte Prima. Vocalismo moderno. Milano. Tipogr. Bernardoni di C. Rebeschini e C. 1896. 1219.

N i t s e r, Dr. Karl, Professor, Pierre Loti. Wissensch. Beil. zum Jahresb. des Königstädt. Real-Gymn. zu Berlin. Ostern 1897. Berlin 1897. R. Gaertner. Pr.-Nr. 96. 35 S. 4°.   1220.

N o r d f e l t, Alfred, Quelques remarques sur les consonnes labiales finales. Stockholm, l'Imprimerie centrale. 1894.   1221.

N ü r n b e r g e r, Dr. Aug. Jos., ao. Professor an der Universität Breslau, Die

Namen Vynfreth - Bonifatius. Ein historisch-kritisches Referat. S.-A. aus dem 28. Ber. der wissensch. Ges. Philomathie zu Neisse. Breslau, Müller & Seiffert. 1896. 1222.

Oesterreicher, Dr. phil., Josef, Beiträge zur Geschichte der jüdisch-französischen Sprache und Literatur im Mittelalter. Czernowitz, Heinrich Pardini. 1896. 1223.

Ohlert, Arnold, Oberlehrer der städt. Höheren Mädchensch. in Königsberg i./Pr., Lese- und Lehrbuch der französischen Sprache für höhere Mädchenschulen. Nach den Bestimmungen vom 31. Mai 1894 bearbeitet. 3. Aufl. Ausg. B für höhere Mädchenschulen. Hannover u. Berlin. C. Meyer (Gustav Prior). 1897. VIII, 245 S. Mk. 2. 1224.

Old French Romances done into English by William Morris. With an introduction by Joseph Jacobs. London, George Allen. Ruskin House, 1896. 1225.

Orateurs français depuis la révolution jusqu'à nos jours. Für den Schulgebrauch herausgegeben, mit Anmerkungen und einem Anhange versehen von Dr. Theodor Engwer, Oberl. der III. Realschule in Berlin. (SBFEPS. Abt. I: Französ. Schriften. 31. Bändch.). Berlin 1897. R. Gaertner. XII, 138 S. 1226.

I principali episodi della Canzone d'Orlando tradotti in versi italiani da Andrea Moschetti. Con un proemio storico di Vincenzo Crescini. Torino, Carlo Clausen. 1896. L. 4. 1227.

Orsi, Delfino, Eraldo Baretti ed il teatro piemontese. Conferenza tenuta il 7 aprile 1895 al circolo filologico di Torino. G. Ricordi & C. Milano. [1896.] Cent. 50. 1228.

Otto, Hans L. W., aus Perleberg, Kritische Studie über das anonyme Jeu saint Löys, roy de France. Greifsw. Diss. Greifswald. Druck von F. W. Kunike. 1897. 62 S. 1229.

Pätzold, Alfred, aus Berlin, Die individuellen Eigentümlichkeiten einiger hervorragender Trobadors. Marburg. Diss. Marburg, Univ.-Buchdr. (R. Friedrich). 1896. 1230.

Page, Fred. M., Los Payadores Gauchos. The descendants of the juglares of old Spain in La Plata. A contribution to the Folk-Lore and Language of the Argentine Gaucho. Heidelb. Diss. Darmstadt. G. Ottos Hof-Buchdruckerei. 1897. 88 S. 1231.

Le Chevalier du Papegau. Nach der einzigen Pariser Handschrift zum ersten Mal herausgegeben von Ferdinand Heuckenkamp. Halle a./S. M. Niemeyer. 1896. (Umschlag 1897.) LXIII, 143 S. Mk. 5. 1232.

Parini, Giuseppe, Il giorno, le Odi, il Dialogo della Nobiltà. Con Introduzione e Commento di Luigi Valmaggi. Parte I: Il giorno. (Edizione integra.) Torino, Francesco Casanova. Via Accademia delle Scienze (piazza Carignano). 231 S. L. 1. 1233.

Paris, Gaston, La leggenda di Saladino. Traduzione di Mario Menghini. Firenze, G. C. Sansoni. 1896. (BCLIt. Nr. 8.) 1234.

Paris, Gaston, de l'Académie française, Penseurs et poètes. James Darmesteter. Frédéric Mistral. Sully Prudhomme. Alexandre Bida. Ernest Renan. Albert Sorel. Deuxième édition. Paris, Calmann Lévy. 1896. Fr. 3.50. 1235.

Paris, Gaston, L'anneau de la morte. Histoire d'une légende. Paris, Im-

4*

primerie nationale. MDCCCXCVII.
(E. Bouillon.) 22 S. 4°. (Extr. du
JS. Nov.-Déc. 1896.) Fr. 2.   1236.
Récits extraits des poètes et prosateurs
du moyenâge, mis en français mo-
derne par Gaston Paris, de l'Aca-
démie Française et de l'Académie des
Inscriptions et Belles-Lettres. Paris,
Hachette & Cie. 1896. Fr. 2.50. 1237.
Abrégé de la vie de Jésus-Christ par
Blaise Pascal. Publié par M. Prosper
Faugère, d'après un manuscrit ré-
cemment découvert, avec le testa-
ment de Blaise Pascal. Seconde édition.
Paris, E. Leroux. 1897. XI, 64 S. 1238.
Passione et Morte de nostru Seg-
nore Gesù Cristu. Rappresen-
tassione sacra regorta, emendada et
pubblicada das su Prof. P. Meloni-
Satta. Kalaris, Istabilimentu Tipo-
graficu Juseppe Dessi. 1896. XI u.
82 S. Cent. 30.   1239.
Advokat Patelin. Schwank in drei
Aufzügen von Brueys und Pala-
prat. Ins Deutsche übertr. und für
die deutsche Bühne bearb. von Wilhelm
Wolters. Leipzig. Robert Friese,
Sep. Cto. [o. J.] 55 S.   1240.
Pellissier, Georges, Professeur de rhé-
torique au lycée Janson-de-Sailly,
Morceaux choisis des poètes du
XVIe siècle. Marot, Ronsard, Du
Bellay, D'Aubigné, Régnier. Paris,
Ch. Delagrave. 1897. 348 S.   1241.
Perle, Dr. Friedrich, Oberrealschul-
direktor, Das stilistische Deutlichkeits-
moment im Französischen beim Aus-
druck der Vorstellung. Wissensch.
Beil. zum Jahresb. d. Oberrealsch. zu
Halberstadt, Ostern 1896. Halberstadt.
Druck von C. Doelle & Sohn. Pr.-
Nr. 276.   1242.
Peters, J. B., Französische Schul-
grammatik. Dritte verb. (Doppel-)

Aufl. Leipzig 1896. Aug. Neumann
(Fr. Lucas). Mk. 1.40.   1243.
Peters, J. B., Französische Zeichen-
setzung und Silbentrennung als An-
hang zu französ. Schulgrammatiken.
Sonderabdr. aus der III. Aufl. der
Französischen Schulgr. Leipzig 1896.
Aug. Neumann. (Fr. Lucas.) 15 Pf. 1244.
Peters, J. B., Übungsbuch zur Fran-
zösischen Schulgrammatik. Zweite
verb. (Doppel-)Aufl. Leipzig 1897.
August Neumann (Fr. Lucas). XII,
175 S. Mk. 1.80.   1245.
Le Rime di Francesco Petrarca. Con
note dichiarative e filologiche di
Giuseppe Rigutini. U. Hoepli. Mi-
lano 1896. L. 2.   1246.
Pfuhl, Dr. Heinrich, Oberlehrer, Zum
grammatischen Unterricht im Fran-
zösischen, speziell im ersten Jahr.
Wissensch. Beil. zum Jahresber. der
V. städt. Realsch. zu Berlin. Ostern
1897. Berlin 1897. Gaertner. Pr.-
Nr. 120. 24 S. 4°.   1247.
Philippi, Adolf, Die Kunst der Renaissance in Italien. Erstes Buch:
Die Vorrenaissance. Die Bildhauer
von Pisa. — Giotto. — Fiesole. Mit
50 Abbildungen. Leipzig 1897. Verlag von E. A. Seemann. XVI, 112 S.
(KGED. Nr.1.) kart. Mk. 2.   1248.
Philologische Studien. Festgabe
für Eduard Sievers. Zum 1. Oktober
1896. Halle a./S. M. Niemeyer. 1896.
VI, 441 S. Mk. 12.   1249.
Pico, M. Puglisi, Il Tasso nella critica
francese. Acireale, Tip. Ed. Saro
Donzuso. 1896. L. 1.50. (Estratto
dagli Atti e Rendiconti dell' Accademia die Scienze Lettere e Arti di
Acireale. — Nuova serie. — Vol. VII.
1895.)   1250.
Pidal, Ramón Menéndez, La Leyenda
de los Infantes de Lara. Madrid, Im-

prenta de los Hijos de José M. Du-
cascal. Plaza de Isabel II, núm. 6.
1896. XVI, 448 S. 10 pesetas. 1251.

Piéri, M. Marius, Agrégé des Lettres,
Professeur de Rhétorique au Lycée
de Marseille, Le pétrarquisme au
XVIe siècle. Pétrarque & Ronsard
ou De l'influence de Pétrarque sur la
Pléiade française. Marseille, Libr.
Laffitte. 1, Boulevard du Musée, 1896.
(Leipzig, Max Ruebe.) 1252.

Pierre de Châlons, Dictionnaire
breton-français du dialecte de Van-
nes. Réédité par J. Loth, Doyen
de la Faculté des Lettres de Rennes.
(BBA. Fasc. I.) Rennes, J. Plihon et
L. Hervé. 5, rue Motte-Fablet. 1895.
6 unpag. 115 S. 1253.

Pigeonneau, H., Histoire du commerce
de la France. Im Auszuge für den
Schulgebrauch bearbeitet u. erläutert
von Dr. Wilhelm Greif, Oberl. am
Andreas-Realgymnasium zu Berlin.
(SBFEPS. Abt. I: Französ. Schriften.
30. Bändch.). Berlin 1897. R. Gaertner. IX, 146 S. 1254.

Pischl, W., k. k. Gymnasial-Professor,
Die Menächmen des Plautus und ihre
Bearbeitung durch Regnard. S.-A.
aus dem Jahresber. des k. k. Real-
und Obergymn. in Feldkirch für das
Schuljahr 1895 — 1896. Feldkirch.
Druck von Ludwig Sausgruber 1896.
38 S. 1255.

Pisko, Julius, k. und k. Vice-Consul,
Leiter des k. und k. österr.-ungar.
General-Consulates in Janina, Kurz-
gefasstes Handbuch der nord-albane-
sischen Sprache. Wien, 1896. Alfr.
Hölder. 1256.

Pistorelli, L., Due melodrammi in-
editi di Apostolo Zeno. (Estr. dalla
RMIt. vol. III fasc. 2, 1896.) Torino,
Frat. Bocca. 1257.

Pistorelli, Dott. Luigi, I melodrammi
di Apostolo Zeno. Padova, Tipo-Lit.
dei Frat. Salmin. 1894. 1258.

Pitré, Giuseppe, Bibliografia delle
tradizioni popolari d'Italia. Con tre
indici speciali. Torino-Palermo, Carlo
Clausen. MDCCCXCIV. XX, 603 S.
Lire 25. 1259.

Pitré, Giuseppe, Indovinelli, dubbi,
sciogliligua del popolo siciliano, raccolti ed illustrati da . . . e prece-
duti da uno studio sull' indovinello.
Volume unico. Torino - Palermo.
Carlo Clausen. 1897. CCXII, 469 S.
(BTPS. Vol. XX.) L. 8. 1260.

Plant, Fridolin, Der Freiberg und
Vöran bei Meran. Eine Monographie.
Meran 1890. Frid. Plant. Meran. 1261.

Plant, Fridolin, Eine Volksheilige.
(St. Kummernuss.) Eine Studie. Meran.
1897. Fridolin Plant. 30 S. 1262.

Planta, Robert von, Grammatik der
oskisch-umbrischen Dialekte. Zweiter
Band. Formenlehre, Syntax, Samm-
lung der Inschriften und Glossen.
Anhang. Glossar. Strassburg i./E.,
Trübner. 1897. XV, 772 S. Mk. 20. 1263.

Plattner, Ph., Zur Lehre vom Artikel
im Französischen. Wissensch. Beil.
zum Jahresb. der IV. städt. Realsch.
zu Berlin. Ostern 1897. Berlin 1897.
R. Gaertner. Pr.-Nr. 119. 31 S.
4°. 1264.

Plattner, Ph. und Heaumier, J.,
Lese- und Übungsbuch der Französischen Sprache nach der analytischen
Methode mit Benützung der natür-
lichen Anschauung. I. Heft: Für die
beiden ersten Unterrichtsjahre. 152 S.
geb. Mk. 1.20. II. Heft: Drittes und
viertes Schuljahr. 192 S. geb. Mk. 1.50.
III. Heft: Für die beiden letzten
Schuljahre. 111 S. geb. Mk. 1.20.

(Plattner - Heaumier, Französisches
Unterrichtswerk. II. Teil: Lese- und
Übungsbuch.) Karlsruhe, J. Bielefeld.
1897.　　　　　　　　　　　1265.

Plattner, Ph. und Heaumier, J.,
Grammatik der französischen Sprache
im Anschluss an die neuen Lehrpläne
bearbeitet. I. Heft: Formenlehre in
tabellarischer Übersicht. VII, 104 S.
geb. 90 Pf. II. Heft: Syntax. 104 S.
geb. Mk. 1. (Plattner - Heaumier,
Französisches Unterrichtswerk. I. Teil:
Grammatik.) Karlsruhe. J. Bielefeld.
1897.　　　　　　　　　　　1266.

Porębowicz, Édouard, Revision de
la loi des voyelles finales en Espag-
nol. Paris, E. Bouillon. 1897. 24 S.
fr. 1.50.　　　　　　　　　1267.

Pottbast, August, aus Höxter in West-
falen, Bibliotheca historica medii aevi.
Wegweiser durch die Geschichtswerke
des europäischen Mittelalters bis 1500.
Vollständiges Inhaltsverzeichnis zu
„Acta sanctorum‘ Boll. Bonquet,
Migne, Monum. Germ. hist., Muratori,
Rerum britann. scriptores etc. Anhang: Quellenkunde für d. Geschichte
der europäischen Staaten während
des Mittelalters. 2. verbesserte und
vermehrte Auflage. Erster Band.
Dritter Halbband. Berlin, W. Weber.
1896.　　　　　　　　　　　1268.

Poyen-Bellisle, René de, The laws
of hiatus 'i' in gallic popular latin.
October 1895.　　　　　　　1269.

Poyen-Bellisle, René de, Pb. D.
(Université de Chicago.) Journées
d'avril. (Poésies.) Imprimerie de la
Cie. Friedenwald. Baltimore, Md.,
Etats-Unis, 1897. 51 S.　　1270.

Preyer, W., Zur Psychologie des
Schreibens. Mit besonderer Rücksicht
auf individuelle Verschiedenheiten der

Handschriften. Mit mehr als 200
Schriftproben im Text nebst 8 Dia-
grammen und 9 Tafeln. Hamburg
und Leipzig, Leopold Voss. 1895.
Mk. 8.　　　　　　　　　　1271.

Procop, Dr. Wilhelm, k. Gymnasial-
professor, Über den Ursprung und
die Entwickelung der französischen
Sprache. Eine Ferienlektüre für reifere
Gymnasialschüler. Wissensch. Beil. z.
dem Jahresb. des k. neuen Gymn. in
Bamberg. Bamberg 1895. Fr. Ha-
mannsche Buchdruckerei (Jos. Gött-
ling).　　　　　　　　　　1272.

Pünjer, J., Rektor der 3. Knaben-
Mittelschule in Altona, Lehr- u. Lern-
buch d. französischen Sprache. Vierte
Auflage. Erster Teil. Hannover und
Berlin 1897. C. Meyer (Gustav Prior).
XII, 122 S.　　　　　　　　1273.

Pult, Gaspard, Le parler de Sent
(Basse-Engadine). — Dissertation présentée à la Faculté des lettres de
l'université de Lausanne pour obtenir
le Doctorat. Lausanne. Imprimerie
Charles Pache 1897. (Umschlag: Lausanne F. Payot, Libraire - éditeur.)
219 S. Fr. 5.　　　　　　　1274.

Quaysin, Henri, Maître de langue
française à l'Institution royale Catherine à Stuttgart, Premiers Essais.
Lectures dédiées aux premières classes
de français des écoles supérieures de
jeunes filles avec un vocabulaire
français-allemand. Deuxième édition
Stuttgart, Paul Neff. 1893. XI, 128 S.
geb. Mk. 1.50.　　　　　　　1275.

Quaysin, Henri, Maître de langue
française à l'Institution royale Catherine à Stuttgart, Premières Lectures,
dédiées aux classes moyennes des
écoles supérieures de jeunes filles

avec un vocabulaire français-allemand
et faisant suite aux „Premiers Essais"
du même auteur. Deuxième édition.
Stuttgart, Paul Neff. 1891. VII, 240 S.
geb. Mk. 2. 1276.

Bambeau, A., Maitre Adam d'Arras
and the Beginnings of French Comedy.
[From the Johns Hopkins University
Circulars, Vol. XV, Nr. 126, June,
1896.] [Abstract of a paper read be-
fore the University Philological Association, May 15, 1896.] 1277.

Rasi, Luigi, I Comici Italiani. Fascicolo
16—17. 1896. 18. 19—20. 21. 22. 1897.
(S. Nr. 756.) 1278.

Reallexikon, Französisches. Unter
Mitwirkung von Aymeric-Leipzig,
Becker-Elberfeld, Böddeker-Stet-
tin, Boerner-Dresden, Cosack-
Bremen, Dickmann-Köln, Engwer-
Berlin, Foss-Schöneberg bei Berlin,
Gundlach-Weilburg, Huth-Stettin,
Kasten-Hannover, Kluth-Elberfeld,
Köcher-Altenburg, Krebs-Oxford,
Kressner-Kassel, Krüger-Berlin,
Krüger-Brandenburg, Leitritz-Stet-
tin, Mahrenholtz-Dresden, Mann-
Leipzig,Peschier-Konstanz,Pfoten-
hauer-Rostock, Rolfs-Köln, Ross-
mann-Wiesbaden, Sahlender-
Bautzen, Stolze-Elberfeld, Voges-
Stettin, Vorberg-Rostock, Werner-
Bremerhaven, Weraboven-Tarno-
witz, Wirts-Elberfeld herausgegeben
von Dr. Clemens Klöpper in Ro-
stock. Vollständig in etwa 25—30
Liefrgn. Leipzig 1897. Rengersche
Buchhandlung. Pr. jeder Lief., 6 Bogen
gen stark, 2 Mk. 1.,2.,3. Lief. 1279.

Reforgiato, Vincenzo, Questioni Ca-
tulliane. Catania, Tipografia Francesco
Galati. 1894. 15 S. 1280.

Reforgiato, Vincenzo, Sul romanti-
cismo in Italia. Catania, Tipogr.
Fr. Galati. 1894. 17 S. 1281.

Reforgiato, Vincenzo, La natura nelle
opere di Vergilio. Catania, Tipogr.
Fr. Galati. 1895. 14 S. 1282.

Reforgiato, Vincenzo, Il sentimento
della gloria in Dante Allighieri. Catania, Tipogr. Franc. Galati. 1895.
13 S. 1283.

Reforgiato, Vincenzo, Amleto, Fausto
e Giacomo Leopardi. Catania, Tipogr.
Fr. Galati. 1896. 17 S. 1284.

Reforgiato, Vincenzo, Gli epigrammi
di Giano Pannonio. Catania, Tipografia sicula di Monaco & Mollica.
Via S. Giuseppe al Duomo Casa Faxio.
1896. 31 S. 1285.

Reforgiato, Vincenzo, Donne e Frati
nel Decamerone di Giovanni Boccaccio. Catania, Stab. Tip. Fr. Galati.
1897. 33 S. 1286.

Reforgiato, Vincenzo, La lirica amo-
rosa di Vittorio Alfieri. Catania, Stab.
Tip. Fr. Galati. 1897. 44 S. 1287.

Reforgiato, Vincenzo, Il mondo po-
litico-morale di Ludovico Ariosto.
Catania, Stab. Tip. Fr. Galati. 1897.
18 S. 1288.

Reforgiato, Vincenzo, L'umorismo
nel Promessi Sposi di Alessandro
Manzoni. Catania, Stab. Tip. Fr. Galati. 1897. 25 S. 1289.

Rehrmann, Dr., Professor am Königl.
Kadetten-Korps, Französische Schul-
grammatik nebst grammatischen
Übungen für die Oberstufe höherer
Lehranstalten. Auf Veranlassung der
General-Inspektion des Militär-Er-
ziehungs- und Bildungswesens be-
arbeitet. (Lehrgang der französischen
Sprache von Dr. Püttmann und
Dr. Rehrmann, Professoren am
Königl. Kadettenkorps. Dritter Teil.)

Berlin 1895. Ernst Siegfried Mittler und Sohn. Kochstr. 68—70. 1290.

Reum, Dr. Albrecht, Oberlehrer, Der französische Aufsatz. Pr. des Vitzthumschen Gymn. XXXV. Dresden. Druck von B. G. Teubner. 1896. Pr.-Nr. 545. 1291.

Revista Critică-Literară. Anulü. IV. Nr. 6: Juniü. Nr. 7 şi 8: Julie-Augustü. Nr. 9: Septembre. Nr. 10: Octobre. Nr. 11 şi 12: Novembre şi Decembre 1896. Anulü V. Nr. 1: Januarü. Nr. 2: Februarü. Nr. 3: Martie. Nr. 4: Aprilie. Nr. 5 şi 6: Maī şi Junie. 1897. (S. Nr. 763). 1292.

Richenet, F., Professeur en retraite, Agrégé de l'Université, Le Patois de Petit-Noir, Canton de Chemin (Jura). Dôle. L. Bernin, imprimeur-éditeur. 43, rue des Arènes. 1896. VI, 302 S. 1293.

Riemann, Dr. Hugo, Präludien und Studien. Gesammelte Aufsätze zur Ästhetik, Theorie und Geschichte der Musik. I. Band. Frankfurt a./M. H. Bechhold. VI, 239 S. Mk. 5. 1294.

Rigutini, Giuseppe und Bulle, Oskar, Neues ital.-deutsch. und deutschital. Wörterbuch. Neunte Lieferung. Zehnte Lieferung [Beginn des Deutsch-Italienischen Teils]. Elfte Lfg. Zwölfte Lfg. 1896 u. 1897. (S. Nr. 359.) 1295.

Rime antiche italiane secondo la lezione del codice vaticano 3214 e del codice casanatense d. v. 5 pubblicate per cura del Dott. Mario Pelaez. (Collezione di opere inedite o rare di scrittori italiani dal XIII al XVI secolo pubblicata per cura della R. commissione pe' testi di lingua nelle provincie dell'Emilia e diretta da Giosuè Carducci.) Bologna, Romagnolidall' Acqua 1895. L. 10. 1296.

Rink, Otto, Die Konjugation der französischen Zeitwörter. Eine nach Regeln u. Lautgesetzen geordnete übersichtliche Darstellung aller Unregelmässigkeiten nebst einem Anhange Konjugations-Tabellen. Zusammengestellt zur leichten u. gründlichen Erlernung der französischen Verben. Braunschweig 1896. Otto Rink. 1297.

Röttgers, Benno, Oberlehrer an der VII. Realschule u. Dozent am Victoria-Lyceum zu Berlin, Die altfranzösischen Lautgesetze in Tabellen. Zur Ergänzung der altfranzös. Grammatik. Leipzig 1897. Renger. 31 S. 1298.

Röttiger, Dr. Wilhelm, Der heutige Stand der Tristanforschung. (GPr. des Wilhelms - Gymn. zu Hamburg, 1897.) 40 S. 4°. 1299.

La Chanson de Roland. Texte critique, traduction et commentaire, grammaire et glossaire par Léon Gautier, Membre de l'Institut. Ouvrage couronné par l'Académie française et par l'Académie des inscriptions et belles-lettres. Vingt-deuxième édition, revue avec soin. Édition classique à l'usage des élèves de seconde. Tours, Alfred Mame et fils. MDCCCXCV. 1300.

Extraits de la Chanson de Roland publiés avec une introduction littéraire, des observations grammaticales, des Notes et un glossaire complet par Gaston Paris, de l'Académie française. Cinquième édition, revue et corrigée. Paris, Hachette et Cie. 1896. Fr. 1.50. 1301.

Rolandskvadet. Metrisk oversat af O. P. Ritto. Illustreret af Niels Skovgaard. Indledning og Noter af Kr. Nyrop. København. Det Nordiske Forlag (Bogforlaget) Ernst Bojesen. Trykt hos F. E. Bording (V. Petersen). 1897. XXX, 174 S. 3 Kr. 1302.

Rolla, Prof. Pietro, Flora popolare sarda. Miscellanea di toponimia e dialettologia italiana. Casale. Tipografia e Litografia Carlo Cassone. 1896. 151 S. 1303.

Rolla, Prof. Pietro, Note di dialettologia e toponomia italiana. Rossano. Tip. Lit. Angelo Palazzi. 1896. 1304.

Rolland, Eugène, Flore populaire ou Histoire naturelle des plantes dans leurs rapports avec la Linguistique et le Folklore. Tome I. Libr. Rolland, 2, Rue des Chantiers, Paris. 1896. 1305.

Roncoroni, Luigi, Libero Docente di Psichiatria, Genio e Passia in Torquato Tasso. Torino, Fratelli Bocca, 1896. 1306.

Rondoni, Giuseppe, Leggende, Novellieri e Teatro dell'antica Siena. Conferenze tenute nella R. Accademia dei Rossi per cura della commissione senese di Storia patria. Conferenza tenuta il 7 Marzo 1896. Siena, Tip. e Litogr. Sordo-Muti di L. Lazzeri. 1896. 1307.

[Roselli, Giuseppe, Canonico della Cattedrale Basilica di Solmona], Nel sesto centenario di s. Pietro Celestino. Discolpa di Dante. In Pisa. Dalla Tipografia del Cav. F. Mariotti. Piazza dei Cavalieri, 5. 1896. 150 Selten. L. 1.50. 1308.

Rossi, V., Una commedia di Giambattista Della Porta ed un nuovo scenario. (Estr. dal RIL. Serie II, Vol. XXIX, 1896.) 15 S. 1309.

Rottboff, Joseph, Gymnasiallehrer, Etude sur le Mithridate de Jean Racine. Beil. zum Progr. des Katharineums zu Lübeck. Lübeck 1897. Druck von Gebrüder Borchers. Pr.-Nr. 771. 4°. 24 S. 1310.

Un testament littéraire de Jean-Jacques Rousseau publié avec une introduction et des notes par O.Schultz-Gora, Privatdocent à l'université de

Berlin. Halle a./S. Niemeyer. 1897. 46 S. Mk. 1. 1311.

Rousset, Commandant de l'Ecole Supérieure de guerre, La guerre francoallemande 1870—71. Im Auszug und mit Anmerkungen zum Schulgebrauch herausgegeben von Prof. Dr. R. Foss. Mit 6 Plänen. (SBFEPS. Abt. I. Französ. Schriften. 26. Bändchen.) Berlin 1897. R. Gaertner. VIII, 144 S. geb. Mk. 1.40. 1312.

Roux, Amédée, La littérature contemporaine en Italie. Dernière période 1883—1896. Paris, E. Plon et Cie., 8, Rue Garancière. 1896. VII, 341 S. 1313.

Rudolph, Dr. Gustav, Oberlehrer, La poésie pastorale dans le roman et sur la scène du XVIIe siècle. Abhandl. zu dem Oster-Progr. des Herzogl. Ernst-Realgymnasiums zu Altenburg. Altenburg i. S.-A. Pierer'sche Hofbuchdr. Stephan Geibel & Co. 1897. Pr.-Nr. 714. 4°. 16 S. 1314.

Rutar, S. c. kr. gimnazijalni profesor, Poknežena grofija Goriška in Gradiščanska. Prirodoznanski, statistični in kulturni opis. (22 podob.) (Slovenska Zemlja. Opis slovenskih pokrajin v prirodoznanskem, statistiškem, kulturnem in zgodovinskem obziru. 1892. I. del.) Ljubljana 1892. Izdala „Matica Slovenska". Natisnila R. Miličeva tiskarna. 1315.

Rutar, S. c. kr. gimnazijalni profesor, Poknežena grofija Goriška in Gradiščanska. Zgodovinski opis. (12 podob.) (Slovenska Zemlja. Opis slovenskih pokrajin v prirodoznanskem, statistiškem, kulturnem in zgodovinskem obziru. 1893. I. del.) V Ljubljani, 1893. Izdala „Matica Slovenska". Tisk katoliške tiskarne. 1316.

Rydberg, Gust., Dozent an der Universität Upsala, Zur Geschichte des

französischen ?. I. Die Entwickelung des ?-Lautes. II. Übersicht der
geschichtlichen Entwickelung des ?
in alt- und neufranzösischer Zeit bis
Ende des 17. Jahrhunderts. Upsala
1896 u. 1897. Almquist & Wiksells
Buchdr.-Aktiengesellschaft.   1317.

Sachs, Professor Dr. Karl, Allerhand
Spanisches. (ML. 66. Jahrg., Nr. 6,
11. Febr. 1897. Sp. 164—172.) 1318.

Salvioni, Carlo, Postille italiane al
Vocabolario Latino - Romanzo. Me-
moria. Milano. Tip. Bernardoni di
C. Rebeschini e C. 1897. 24 S.   1319.

Sanchez, Miguel, (el divino), La Isla
Bárbara and La Guarda Cuidadosa.
Two comedias. Edited by Hugo A.
Rennert, Ph. D., Professor of Ro-
manic Languages and Literatures in
the University of Pennsylvania (Publications of the University of Pennsylvania. Series in Philology, Literature
and Archæology. Vol. V). 1896. Ginn
& Company, Boston, U. S. A. M. Niemeyer, Halle a./S. Mk. 8.40.   1320.

Sanctis, Francesco de, La letteratura
italiana nel secolo XIX. Scuola
liberale — Scuola democratica. Le-
zioni raccolte da Francesco Torraca
e pubblicate con prefazione e note da
Benedetto Croce. Napoli, Cav. Antonio Morano. Strada S. Sebastiano 47,
1° piano. 1897. L. 5.   1321.

Sand, George, Lettres à Alfred de
Musset et à Sainte - Beuve. Introduction de S. Rocheblave. Troisième édition. Paris, Calmann Lévy.
1897. XXXV, 269 S. Fr. 3.50.   1322.

Saragat, Gian Martino, Ugo Foscolo
e Q. Orazio Flacco. Studio critico
con documenti storici tratti dalle
fonti più accertate intorno al poeta

latino. U. Hoepli. Milano. 1896.
L. 1.50.   1323.

Scaetta, Valerio, Uno dei primi passi
oscuri della D.ª C.ª Padova, Angelo
Draghi. 1896.   1324.

Scaetta, Silvio, La „Fama" nella Divina Comedia. Parte I. Inferno.
(COD. N. 35.) Città di Castello. S. Lapi.
1896. 107 S.   1325.

Scartazzini, Dr. G. A., Dante-
Literatur. AZB. 1896. Nr. 167, 168,
169.   1326.

Scartazzini, Dr. G. A., Enciclopedia
Dantesca. Dizionario critico e ragio-
nato di quanto concerne la vita e
le opere di Dante Alighieri. Volume I. A—L. Hoepli, Milano 1896.
L. 12.50.   1327.

Schaefer, Dr. Wilhelm, Oberlehrer an
der Gewerbeschule zu Hagen i./W.,
Beschleunigte Einführung in die Französische Sprache. Mit besonderer
Berücksichtigung der Bedürfnisse der
den fremdsprachlichen Unterricht mit
dem Französischen beginnenden Lehranstalten. Bielefeld u. Leipzig, Velhagen & Klasing. 1896. Mk. 2.   1328.

Schaefer, Dr. Wilhelm, Oberlehrer an
der Gewerbeschule zu Hagen i./W.,
Begleitwort zu meinem Übungsbuch
Beschleunigte Einführung in die französische Sprache. Bielefeld u. Leipzig. Velhagen & Klasing. 1896. 1329.

Schams, Prof. Dr. Anton, Bemerkungen
zur Spanischen Metrik. S. - A. aus
dem neunzehnten Jahresbericht der
deutschen Staatsrealschule in Karo-
linenthal 1895. Prag, k. u. k. Hof-
buchdruckerei A. Haase. — Selbstverlag. 1895.   1330.

Scherillo, Michele, Alcuni capitoli
della Biografia di Dante. L'anno
della nascita — La madre e la ma-
trigna — Il nome di Dante — Il

cognome Alighieri — Geri del Bello — Brunetto Latini — I primi versi — La morte di Beatrice — I primi studi — I giganti nella commedia — Perchè Dante salva Salomone. Torino, Loescher 1896. L. 5. 1331.

Schirmacher, Dr. Käthe, Théophile de Viau. Sein Leben und seine Werke. (1591—1626.) Litterarische Studie. Leipzig u. Paris. H. Welter. 1897. 1332.

Schirmacher, Kaethe, Litterarische Studien und Kritiken. Inhalt: Robert Elsmere. Frédéric Mistral. Der Herzog von Saint-Simon und seine Memoiren. Übersetzungen aus François Villon. Rabelais. Théophile de Viau. Die Marquise du Châtelet. Was man in Frankreich liest. Novellen. Quatorze Juillet. Lohengrin. Auch ein Freund. Paris u. Leipzig. H. Welter. 1897. 156 S. Mk. 2. 1333.

Schlosser, Julius von, Die höfische Kunst des Abendlandes in byzantinischer Beleuchtung. (S.-A. aus MIÖG. Bd. XVII. S. 441—456.) 1334.

Schmarsow, August, Masaccio-Studien. I. Castiglione d'Olona mit den Malereien des Masolino. Erste Lieferung. 1895. II. Masaccios Meisterwerke. 1896. Th. G. Fisher & Cie. Kassel. 1335.

Schmarsow, August, Barock und Rokoko. Eine kritische Auseinandersetzung über das Malerische in der Architektur. (Beiträge zur Aesthetik der bildenden Künste. II.) Leipzig, S. Hirzel. 1897. 398 S. Mk. 6. 1336.

Schmeding, Dr. G., Oberlehrer in Wolfenbüttel, Die eigene Weiterbildung im Französischen. Ein praktischer Rat für jüngere Neuphilologen. NAbh. Heft II. Dresden u. Leipzig. C. A. Koch. 1897. 50 Pf. 1337.

Schmid, Prof. Dr. Paul, Beiträge zur Erklärung von Corneille's Polyeucte. Abh. zum Jahresber. der Fürstenund Landesasch. zu Grimma 1896. Grimma 1896. Druck von Julius Schierts. Pr.-Nr. 649. 1338.

Schmitz-Aurbach, Th. von, Leitfaden der Französischen Sprache. Nach der analytischen Methode bearbeitet. II. Teil. Dritte Auflage. Karlsruhe. J. Bielefeld. 1896. 84 S. 75 Pf. 1339.

Schneegans, Fr. Ed., Die Volkssage u. das altfranzösische Heldengedicht. Habilitations-Vorlesung, gehalten vor der philosoph. Fakultät der Universität Heidelberg am 19. Dez. 1896. (S.-A. aus NHJbb. 1897. S. 58—67.) 1340.

Schneegans, Dr. F. Ed., Lektor an der Universität Heidelberg, Über die Gesta Karoli Magni ad Carcassonam et Narbonam. Ein Beitrag zur Geschichte des altfranzösischen Epos. Heidelb. Habilitationsschr. Halle a./S. Druck von Ehrhardt Karras. 1897. 40 S. 1341.

Schneller, Christian, Beiträge zur Ortsnamenkunde Tirols. Drittes Heft. 1896. (S. Nr. 403.) 1342.

Schoeps, Richard aus Halle a./S., Die Partikeln in altnormannischen Texten, Diss. Halle. Halle a./S. Hofbuckdr. von C. A. Kaemmerer & Co. 1896. 1343.

Schofield, William Henry, Studies on the Libeaus Desconus. (Studies and notes in philology and literature. Vol. IV.) Published under the direction of the Modern Language Departements of Havard University by Ginn & Company, 13 Tremont Place, Boston. 1895. IV, 246 S. 1344.

Schröder, Dr. Richard, Bibliothekar an der königl. Universitäts-Bibliothek zu Berlin, Zur neuprovenzalischen

Litteratur. Aus dem Laude des Minne-
sanges. (S.-A. aus VZSB. Nr. 21, 22,
23, 24.) Berlin. 1896. 1345.
Schurtz, Heinrich, Die Tierfabel. Gr.
56. Jahrg. Nr. 21, S. 380—392 und
Nr. 23 S. 469—480. Leipzig, Fr. W.
Grunow. 1346.
Schwab, Dr. Hans, Das Schauspiel
im Schauspiel zur Zeit Shakespeares.
(WBEPh. V. Band.) Wien u. Leip-
zig, Wilhelm Braumüller. 1896.
Mk. 2.40. 1347.
Schwahn, Walther, wissenschaftl.
Lehrer an der böheren Knabensch.
zu Wollstein, Lorenzo Valla. Ein
Beitrag zur Geschichte des Humanis-
mus. Rostocker Diss. Berlin. Mayer &
Müller. 1896. 61 S. Mk. 1.20. 1348.
Scott, Fred. N., Boccaccios 'De Ge-
nealogia Deorum' and Sidney's 'Apo-
logia' (MLN. Vol. VI Nr. 4, S. 193—202,
April 1891. 1349.
Le Rime di Serafino de Ciminelli
dall' Aquilla a cura di Mario
Menghini. Volume primo. (COIRa.)
Bologna, Romagnoli-dall'Acqua. 1894.
(Umschlag 1896.) L. 10.40. 1350.
Le Sermon des Plaies. Sermon en
vers du XIIIe siècle, extrait d'un
manuscrit de la Bibliothèque de Mons
(Belgique) et publié pour la première
fois par Henri Ehrismann. Be-
sondere Beil z. Jahresber. des protestantischen Gymn. zu Strassburg.
Strassbourg, Imprimerie J. H. Ed.
Heitz (Heitz & Mündel). 1896. Pr.-
Nr. 529. 1351.
Sessa, Giuseppe, Dottrina popolare
in quattro lingue (italiana, francese,
inglese, tedesca). I. Espressioni Fa-
migliari e Motti popolari. II. Frasi
Commerciali. III. Proverbi. Raccolti
e ordinati. Seconda Edizione aumentata e corretta. (MH.) Ulrico Hoepli.
1891. L. 2. 1352.

Singer, S., Apollonius von Tyrus.
Untersuchungen über das Fortleben
des antiken Romans in spätern Zeiten.
Halle, Niemeyer. 1895. 1353.
Skutsch, Franz, Jambenkürzung und
Synizese. S.-A. aus Satura Viadrina.
Festschrift zum 25jährigen Bestehen
des philologischen Vereins zu Breslau. Breslau. Schles. Buchdr. Kunst-
u. Verlags-Anstalt v. S. Schottlaender.
1896. 26 S. 1354.
Slovanské národní písně a spěvy
litevské. Sebral Frant. Lad. Čela-
kovský. Druhé vydání. V Praze.
Nakladatel J. L. Kober Knihokupectví.
Cena 80 kr. [1891.] 1355.
Soltmann, Dr. Hermann, Die Syntax
des französischen Zeitwortes und ihre
methodische Behandlung im Unterricht. Erster Teil: Die Zeiten. Bremen.
Gustav Winter 1897. Mk. 1.50. 1356.
Spalikowski, Ed., Lauréat de Socié-
tés savantes, Membre de la Société
d'Anthropologie de Paris, Un médecin
littérateur au XVIe siècle. Paris.
J.-B. Baillière et fils. 19, rue Haute-
feuille, près du Boulevard St. Ger-
main. 1896. 13 S. 1357.
Spencker, Dr. Franz, Die französische
Grammatik in der Realschule. ESPr.
der RS. vor dem Holstenthore zu
Hamburg. Ostern 1896. Hamburg
1896. Gedruckt bei Lütcke & Wulff.
Pr.-Nr. 751. 1358.
Spitzer, Hugo, Doctor der Philosophie
und der gesammten Heilkunde, k. k.
ao. Professor der Philosophie an der
Grazer Universität. Kritische Studien
zur Aesthetik der Gegenwart. Wien
1897. Carl Fromme. I. Graben 29,
Trattnerhof. 87 S. 1359.
Staaf, Erik, Le Suffixe -arius dans
les langues romanes. Thèse pour le
doctorat. Upsal 1896. Imprimerie
Almquist & Wiksell. 1360.

Stier, Georg, Lehrbuch der französischen Sprache für höhere Mädchenschulen. (8. Nr. 803.) Vierter Teil. Unterrichtsstoff für die dritte Klasse. Leipzig: F. A. Brockhaus. 1896. Mk. 1.50. 1361.

Stier, Georg, Französische Syntax. Mit Berücksichtigung der älteren Sprache. Wolfenbüttel, Julius Zwissler. [1897.] VIII u. 475 S. Mk. 6. 1362.

Stier, Georges, Deutsch-französische Konversationsschule. École de conversation allemande. Méthode d'enseignement pratique d'après un plan entièrement nouveau. Leipzig u. Paris. H. Welter. 1897. XXVI, 282 S. 3 fr. = Mk. 2.40. 1363.

Straganz, Prof., P. Max, Beiträge zur Geschichte Tirols. I. Mitteilungen aus dem Archive des Clarissenklosters zu Brixen. (In: Progr. des k. k. Ober-Gymnasiums der Franziskaner zu Hall. Am Schlusse des Schuljahres 1893/94 veröffentlicht von d. Direktion). 41 S. II. Die Autobiographie des Freiherrn Jakob von Boimont zu Pairsberg [zwischen Bozen u. Meran] 1527—81. (In: Progr. ders. Anstalt am Schlusse des Schulj. 1895/96.) 106 S. (Selbstverlag der Lehr-Anstalt.) Innsbruck. Druck der Wagnerschen Universitäts-Buchdr. 1894 u. 1896. 1364.

Streitberg, Dr. W., o. ö. Professor der indogermanischen Sprachwissenschaft an der Universität Freiburg i. d. Schweiz, Gotisches Elementarbuch. (Sammlung von Elementarbüchern der altgermanischen Dialekte: II.) (Siehe auch Nr. 805.) Heidelberg, C. Winter. 1897. Mk. 3. 1365.

Štrekelj, Dr. K., Slovenske narodne pesmi. Del. I. Pesmi pripovedne vsebine. Izdala in založila Slovenska

Matica. V Ljubljani, 1895. Narodna tiskarnica R. Milič. 1366.

Subak, Dr. Jul., Die Konjugation im Neapolitanischen. S.-A. aus dem 26. Jahresber. über die I. Staatsrealschule in dem II. Bezirke von Wien. Wien. Im Selbstverlag des Verfassers. 1897. 22 S. 1367.

Sue, Eugen, Pariser Mysterien. Sittenroman. Deutsch bearbeitet von K. Walther. Mit 120 Illustrationen von Fritz Bergen. Erster Band. Stuttgart. Frankh. Heft 1, 2. à 20 Pf. 1368.

Suès, S., Gallicismen. Französische Sprechübungen für Vorgerückte. Systematisch geordnet u. dargestellt. Exercices pratiques sur les Gallicismes et expressions usuelles de la langue française. Genf. R. Burkhardt. 2, Place du Molard. 1896. 208 S. 1369.

Sütterlin, L., Die heutige Mundart von Nizza. (RF. IX 2. S. 249—586.) Erlangen, Junge. 1896. 1370.

Täckholm, Richard Valdemar, Licencié ès Lettres, Études sur la phonétique de l'ancien dialecte sousselvan. Thèse pour le doctorat présentée à la Faculté des Lettres d'Upsal et publiquement soutenue le 14 décembre, à 10 heures du matin dans la salle Nr. IX. Upsala, Imprimerie Almquist & Wiksell. 1895. 67 S. 1371.

Tardel, Dr., Hermann, Quellen zu Chamissos Gedichten. Wissenschaftl. Beil. zum Progr. der städt. Realsch. in Graudenz zu Ostern 1896. Graudenz. Druck von Gust. Röthes Buchdruckerei. 1896. Pr.-Nr. 50. 22 pag. und 1 unp. S. 1372.

Tarneller, Prof. Joseph, Die Hofnamen des Burggrafenamtes in Tirol.— Fortsetzung. Pr. des k. k. Ober-Gymn. in Meran. Veröffentl. am Ende des

Schuljahres 1892/93. Meran 1893.
Im Selbstverl. des Gymn. C. Jandls
Buchdruckerei. 47 S.
. . . . . . Dasselbe. — Forts. Pr.
1893/94. Meran 1894. 54 S.   1373.
Tasso, Torquato, Gerusalemme Libe-
rata. Poema eroico. Edizione critica
sui manoscritti e le prime stampe'a
cura di Angelo Solerti e coopera-
tori. Tre volumi. Vol. I. 1896. L. 3.
Vol. II. e III. 1895. L. 7. Firenze,
G. Barbèra.   1374.
Teichmann, Oberlehrer, Merope im
italienischen u. französischen Drama.
Städt. RGPr. Borna 1896. Druck
von Robert Noske. Pr.-N. 560. 1375.
Theys, l'abbé A. J., Préfet des Hu-
manités modernes à l'Institut de La
Louvière, Métrique de Victor Hugo.
Liège, Jacques Godenne, Square de
la Cathédrale 9, MDCCCXCVI.   1376.
Thieme, Hugo P., de l'Université
Johns Hopkins, La Littérature française du dix-neuvième siècle. Bibliographie des principaux Prosateurs,
Poètes, Auteurs dramatiques et Critiques. Avec indication 1° pour chaque
auteur, du lieu et de l'année de sa
naissance et s'il y a lieu, de sa mort;
2° pour chaque ouvrage, de son for-
mat, de son éditeur et de la date de
sa première édition; 3° à la suite de
chaque auteur, des Biographies et
des Critiques littéraires parues soit
sous forme de livre, soit dans les
Revues et Journaux, tant en France
qu'à l'Étranger. Paris. 1897. H. Welter. broché Fr. 2.50, relié Fr. 3.50.
90 S.   1377.
Thode, Henry, Eine italienische Fürstin
aus der Zeit der Renaissance. (Aus
NHJbb., Jahrg. VI, Heft 2, S. 129—152.)
Heidelberg, G. Koester. 1896. 1378.
Thum's, Prof. Dr. R., Neue Französische Grammatik für Kaufleute und

Gewerbtreibende. Zum Gebrauch an
Handels- und Gewerbeschulen, sowie
zum Selbstunterricht als Einführung
in die Handelskorrespondenz. Zehnte
Aufl. Völlig neu bearbeitet von Prof.
Dr. Joseph Sarrazin. Leipzig G. A.
Gloeckner. 1896. Geb. Mk. 2.80. 1379.
Timmermans, Adrien, ancien professeur de l'enseignement secondaire
en Hollande, chargé de cours des
langues et littératures française et
anglaise, Etymologies comparées de
mots français et d'argot parisien. Entièrement inédites et précédées d'un
essai de synthèse du langage. 1 re li-
vraison. Paris, Klincksieck. 1896.
LIII, 184 S.   1380.
Tkalčió, Ivan, Parnice proti vješti-
cam u Hrvatskoj. In: Rad Jugoslavenske Akademije snanosti i umjet-
nosti. Knjiga CIII. Razred filologičko-
historički i filosofičko-juridički XXXII·
U Zagrebu (= Agram) 1891. Knjižara
Jugoslavenske Akademije (Dioničke
Tiskare).   1381.
Tobler, A., Etymologisches: it. *firma*,
Laune, Einfalr; fx. *fon*, *Kleie*;
fx. *forteraffa*, f. pz. *ressaleser* und fx.
baliveau; afz. *lps*; fz. *trémouffer*; fx.
bouée, *Boje*; fx. *frette*, *Nabenring*,
Zwinge; fz. *falope*, *Schlumpe*,
schlumpig; afz. *tenfer*, *verteidigen*,
schützen. (SBAkBerlinphhKl. Sitzg.
v. 23. Juli 1896, XXXVII, S. 851—872.
Ausgegeben am 30. Juli.)   1382.
Tote Istoire de France. (Chroni-
que Saintongeaise.) Now first
edited from the only two mss., with
introduction, appendices, and notes
by F. W. Bourdillon, M. A., Wor-
cester College, Oxford. With prefa-
tory letter by Gaston Paris, Membre
de l'Institut (Académie française;
Académie des Inscriptions et Belles-
Lettres), Administrateur du Collège

de France. London, David Nutt,
270—271, Strand 1897. XLIV, 113 S.
geb. 10 Sh.   1383.
Il Tristano Riccardiano. Edito e
illustrato da E. G. Parodi. (COIRs.)
Bologna, Romagnoli-dall'Acqua. 1896.
L. 15.   1384.
Tschiedel, Dr. Johannes, in Rom,
Aus der italienischen Sagen- und
Märchenwelt. (SGWV. Neue Folge.
Elfte Serie. Heft 247.) Hamburg,
Verlagsanstalt und Druckerei A.-G.
1896. 60 Pf.   1385.
Türkheim, Leo, Zu J. Storms Eng-
lischer Philologie. I. 2. Abteilung:
Rede und Schrift. Leipzig 1896.
Fürth. Albrecht Schröders Buchdr.
1896. 37 S.   1386.

Ullrich, Dr. A., Kgl. Inspektor und
Leiter der städt. höh. Töchterschule,
Entwurf zur Reorganisation der städt.
höheren Töchterschule in Nürnberg.
Nürnberg, Druck von U. L. Sebald,
1896.   1387.
Ulrich, Dr. Wilhelm, Der französische
Familienbrief. Eine Sammlung von
französischen Billeten und Briefen
des Familienlebens mit Angabe der
Regeln über die französische Korre-
spondenz zum Schul- und Privat-
gebrauch. Stuttgart, 1897. Jos. Roth.
6 unp., 101 p. S. geb. Mk. 1.50. 1388.
Der Urquell. Eine Monatsschrift für
Volkskunde. Herausg. von Friedrich
S. Krauss. Der neuen Folge Band I,
Heft 1—10. Buchhandlung und Buch-
druckerei vormals E. J. Brill, Leiden;
G. Kramer, Hamburg, 1897. Redaction:
Wien, Österreich, VII/2. Neustift-
gasse 12.   1389.
Urtel, Hermann, Beiträge zur Kenntnis
des Neuchateller Patois. I. Vignoble
u. Béroche. Heidelb. Diss. Darmstadt.
G. Ottos Hof-Buchdr. 1897. 78 S. 1390.

Venturi, Dott. Arturo, Le orazioni
nelle Istorie fiorentine di Giovanni
Cavalcanti. Saggio di uno studio sul
Cavalcanti. In Pisa, dalla Tipografia
di Francesco Mariotti. Piazza dei
Cavalieri, 5. 1896. 66 S.   1391.
Villani, Filippo, Il comento al primo
canto dell' „Inferno" pubblicato ed
annotato da Giuseppe Cugnoni.
(COD. N. 31—32.) Città di Castello.
S. Lapi 1896.   1392.
Vising, Johan, Dante. Populärt ve-
tenskapliga föreläsningar vid Göte-
borgs Högskola. V. Göteborg, Wetter-
gren & Kerber 1896. 1 Kr. 75 öre. 1393.
Vising, Johan, Italienska resande i
Sverige. (Särtryck ur Göteborgs Tu-
ristförenings Årsskrift 1897.) Göte-
borgs Litografiska Aktiebolag, 1897.
19 S.   1394.
Visner, G., Lé mescladis moundi.
Tradicious, Réblacolos, Countés è
Cants abarrèjads. „Avant-propos"
Francimand del létrad En M. Massip.
Prologo Goudoulinad é letsiqué. Des
mots rabalhuds al sen dé calquis-uns.
Sudbenciounad del Counsel Général
dé la Naouto-Garono, del Counsel
Municipal de Toulouso, laousad tabés
d'uno délibéraciou del Congrès des
langues romanes à Bourdèous, Agoust
1895. Toulouso, Burèous del Journal
„Lé Gril", Boulébard dé la Garo, 5.
M. è LCCC. è XC- è V. [Umschlag:
Paris, A. Picard et fils. Toulouse,
Marquette, Libr., Rue des Puits-Clos.]
XI, 255 S. fr. 5.   1395.
La Vita italiana nel settecento. Con-
ferense tenute a Firenze nel 1895 da
Romualdo Bonfadini, Isidoro del
Lungo, Ernesto Masi, Vittorio
Pica, Guido Mazzoni, Ferdinando
Martini, Matilde Serao, Enrico
Panzacchi, Giovanni Bovio, Al-
berto Escher, Antonio Frade-

letto. Milano. Frat. Treves 1896.
L. 2.   1396.

Vollmöller, Karl, Bericht über seinen
Vortrag: „Der Kritische Jahresbericht
über die Fortschritte der roman. Philologie." (S.-A. aus den Verhandl. der
43. Versamml. deutscher Philologen
und Schulmänner in Köln v. 24. bis
28. September 1895. Im Auftrag des
Präsidiums redigiert von E. Oehley-
Köln. Leipzig, Teubner 1896. Seite
120 f.)   1397.

Vollmöller, Karl, Über Plan und Einrichtung des Romanischen Jahresberichtes. Erlangen, Fr. Junge, 1896.
108 S. M. 3.   1398.

Vollmöller, Karl, Der Kampf um den
Romanischen Jahresbericht. Ein Beitrag zur Klärung des Verhältnisses
zwischen Autor u. Verleger. Erlangen,
Fr. Junge. 72 S. Mk. 2.   1399.

Vollmöller, Karl, [Erklärung gegen
R. Oldenbourgs-München Brief vom
1. März 1897 betr. vorstehende Schrift
Nr. 1399]. 5 S. 8°. D. Meran, Mitte April
1897. [Nicht im Buchhandel.]   1400.

Vollmöller, Karl, Beiträge zur Literatur der Cancioneros und Roman-
ceros. Aus Handschriften und seltenen
alten Drucken. Mit unbekannten
Stücken. I. Der Cancionero von Modena. (Eduard Boehmer zum 70. Geburtstag, 24. Mai 1897, gewidmet.)
Erlangen, Fr. Junge. 1897. 28 S. 1401.

Volpini, Carlo, Colonnello, 516 Proverbi sul Cavallo. Raccolti e annotati. MH. U. Hoepli, Milano 1896.
XXIII, 172 S. L. 2.50.   1402.

The Voyage of Bran Son of Fe-
bal to the Land of the Living. An
old Irish saga now first edited, with
translation, notes and glossary, by
Kuno Meyer. With an Essay upon
the Irish vision of the Happy Other-

world and the celtic doctrine of
Re-birth: by Alfred Nutt. Section I.
The Happy Otherworld. London,
David Nutt. 1895. (Grimm Library
Nr. 4.) XVII, 331.   1403.

Wahlund, Dr. Carl, Professor an der
Universität Upsala, Über Anne Malet
de Graville, eine vernachlässigte fran-
zösische Renaissancedichterin. Ihr
Leben u. Ihre Dichtungen. Halle a./S.
Niemeyer. 1895.   1404.

Walcker, Dr. Karl, Dozent der Staats-
wissenschaften an der Universität
Leipzig, Montesquieu als Polyhistor,
Philosoph, Vorkämpfer d. germanisch-
protestantischen Kultur und als poli-
tischer Prophet. Leipzig. Rossberg.
1896.   1405.

Walther, Erwin, Kgl. Gymnasialpro-
fessor, Stoffsammlung für französische
Dictate mit kurzer Einleitung. Pr.
d. K. humanist. Gymnasiums in Ansbach für das Schuljahr 1893/94. Ansbach. Druck von C. Brügel & Sohn.
1894. 40 S.   1406.

Walther, Erwin, Kgl. Professor am
Gymnasium zu Ansbach, Wissenschaftliche Fortbildungsblätter für
Lehrende und Lernende der französischen Sprache. Serie I u. II. Stuttgart, Jos. Roth. 1895. à 50 Pf. 1407.

Warren, F. M., Unity of Place in „Le
Cid". (MLN. Vol. X, Nr. 1, January
1895, S. 1—10.)   1408.

Wattenbach, W., Das Schriftwesen
im Mittelalter. Dritte vermehrte Aufl.
Leipzig. Hirzel. 1896. Mk. 15. 1409.

Wege, Bernhard, Oberlehrer, Der Prozess Calas im Briefwechsel Voltaires.
I. Teil: Wissensch. Beil. z. Jahresb.
d. Leibniz-Gymn. zu Berlin. Ostern
1896. II. Teil: Wissenschaftl. Beil.
Ostern 1897. Berlin 1896 und 1897.
Gaertner. Pr.-Nr. 60.   1410.

Weigand, Gustav, Die Aromunen. Ethnographisch - philolog. - historische Untersuchungen über das Volk der sogenannten Makedo-Romanen oder Zinzaren. Erster Band: Land und Leute. Mit einem Titelbildo, 8 Tafeln und einer Karte. 1895. Zweiter Band: Volkslitteratur der Aromunen. Herausgegeben mit Unterstützung der kgl. Sächs. Gesellschaft der Wissenschaften zu Leipzig. 1894. Leipzig, Johann Ambros. Barth (Arthur Meiner). 1411.

Weiss, Johann, k. k. Realschulprofessor, Nicolas Gilberts Satiren. Eine literararische Studie. S. - A. aus dem Pr. d. k. k. Staats-Oberrealsch. in Böhm. — Leips. Leipa i./Böhm., 1896. Jos. Hamann. Mk. 1. 1412.

Weiss, M., Vorschule für den Unterricht in der französischen Sprache, begründet auf der Anschauungsmethode. Mit 34 Holzschnitten. Dritte vermehrte und verbesserte Aufl. Breslau. E. Morgenstern. 1897. VIII, 180 S. Mk. 1.60. 1413.

Wernicke, Dr., Alexander, Professor, Direktor, Kurse und Reisestipendien für Neuphilologen. Beil. z. Jahresb. über die Städt. Oberrealsch. z. Braunschweig, Ostern 1896. Hofbuchdr. Jul. Krampe, Braunschweig. Pr.-Nr. 708. 1414.

Wershoven, Prof. Dr. F. J., Vocabulaire technique français - allemand et allemand-français. Technisches Vokabular für höhere Lehranstalten und zum Selbstudium für Studierende, Lehrer, Techniker, Industrielle. Zweite, umgearb. und verm. Aufl. Leipzig F. A. Brockhaus. 1897. VIII, 234 S. geb. Mk. 2.80. 1415.

Whitney, William Dwight, late professor of sanskrit and comparative philology in Yale College, New-Haven, A Sanskrit Grammar, including both the classical language, and the older dialects, of Veda and Brahmana. Third edition. (Bibliothek indogermanischer Grammatiken, Bd. II.) Leipzig, Breitkopf & Härtel. London, Kegan, Paul, Trench, Trübner & Co. 1896. 1416.

Wiener, Leo, German Loan - Words and the Second Sound Shifting. (MLN. Vol. X, Nr. 1, January 1895, S. 10—19.) 1417.

Wilke, Dr., Edmund, Paris. Promenades dans la Capitale de la France. Mit Anlehnung an das Hölzel - Bild „Paris" für den Schulgebr. herausg. Leipzig u. Wien. Raimund Gerhard. 1897. 32 + 15 S. 60 Pf. 1418.

Wilke, Dr. Edmund, London. Walks in the Metropolis of England. Mit Anlehnung an das Hölzel-Bild „London" für den Schulgebr. herausgeg. Leipzig u. Wien, Raimund Gerhard. 1897. 32 + 15 S. 60 Pf. 1419.

Willems, Léonard, Étude sur l'Ysengrinus. Recueil de travaux publiés par la Faculté de philosophie et lettres de l'Université de Gand. 13e fascicule. Gand, Engelcke. 20, Rue des Foulons 1895. Fr. 5. 1420.

Willems, Léonard, L'élément historique dans le coronement Looïs. Contribution à l'histoire poétique de Louis le Débonnaire. (Recueil de travaux publiés par la faculté de philosophie et lettres de l'Université de Gand. 19e fascicule.) Gand, Engelcke. 20, Rue des Foulons. 1896. 1421.

Windscheid, Katharina, Dr. phil., Die englische Hirtendichtung von 1579 — 1625. Ein Beitrag zur Geschichte d. englischen Hirtendichtung. Halle, Niemeyer. 1895. 1422.

Wolf, Dr. Heinrich, Oberlehrer, Mythus, Sage, Märchen. (Sommer und Winter.) Beil. z. Osterpr. des Städt. Realgymn. u. Gymn. zu Düsseldorf 1896. Düsseldorf 1896. Gedr. bei L. Voss & Cie. Pr.-Nr. 486. 1423.

Wulff, Fredrik, E. o. Prof. i Lund, Om Värsbildning. Rytmiska Undersökningar. Lund, C. W. K. Gleerup, 1896. XIII, 130 S. Kr. 3.50. 1424.

Zache, Walther A., Wulfila. Abriss des Gothischen für Anfänger. Enthaltend: 1) Einleitung: Wulfila und seine Bibelübersetzung. Die gotbische Sprache u. ihre Geschichte. 2) Sprachlehre. 3) Lesestoff: Das Markusevangelium; das Vaternnser. 4) Wörterbuch. Mit einem Vorworte von Major Hochlehrer von Pfister-Schwaighusen (Darmstadt). Herausgegeben im Auftrage des Allgemeinen Deutschen Schriftvereins zu Berlin. Max Hoffmann, Leipzig - Reudnitz. 1896. Mk. 1.25. 1425.

Zanne, Julin, A., Proverbele Românilor din România, Basarabia, Bucovina, Ungaria, Istria şi Macedonia. Proverbe, dicětorĭ, povăţuirĭ, cuvinte adevĕrate, asemĕnărĭ, idiotisme şi cimilituri. Cu un Glosar româno-frances. Vol. I. Bucureşci. Imprimeria statului. Editura librăriei Socecŭ & Comp. 1895. 1426.

Zeiss, Karl, aus Meiningen, Die Staatsidee Pierre Corneille's mit einer Einleitung über die politische Litteratur Frankreichs von der Renaissance bis auf Corneille in ihren Hauptvertretern. Leipz. Diss. Meiningen. Druck der Keyssnerschen Hofbuchdruck. 1896. 136 S. 1427.

Zielinski, Th., Professor an der Universität St. Petersburg, Cicero im Wandel der Jahrhunderte. Ein Vortrag. Leipzig. B. G. Teubner. IV, 102 S. Mk. 2.40. 1428.

Zimmermann, Ernst, Dr. phil., Die Landschaft in der venezianischen Malerei bis zum Tode Tizians. (BKG. N. F. XX.) Leipzig. E. A. Seemanr. 1893. Mk. 5. 1429.

Zingarelli, Nicola, Docente privato nella Regia Università di Napoli, La personalità storica di Folchetto di Marsiglia nella „Commedia" di Dante. Con appendice. Napoli, Luigi Pierro, Piazza Dante. 76. 1897. 40 S. gr. 4°. (Estr. dal Vol. XIX degli AAALAN.) 1430.

Zingerle, Anton, d. Z. Rektor der Universität Innsbruck, Über Dom- u. Stiftschulen Tirols im Mittelalter mit besonderer Berücksichtigung ihrer Lehrmittel. Vortrag bei Gelegenheit der feierlichen Kundmachung der gelösten Preisaufgaben gehalten. Innsbruck, Wagner. 1896. 27 S. 1431.

Zupitza, Ernst, Die germanischen Gutturale. (Schriften z. germanischen Philologie. Herausgegeben von Dr. Max Roediger, a. o. Professor an der Universität Berlin. Achtes Heft.) Berlin. Weidmann. 1896. 262 S. Mk. 10. 1432.

(Abgeschlossen am 15. Januar 1898.)

Achelis, Th., in Bremen, Mythologie und Völkerkunde. In: N&S., Bd. 81, 356—372. 1433.

Alfieri, Vittorio, Prose e poesie scelte, per cura di Giovanni Mestica. Con un discorso sulla politica nell' opera letteraria dell' Autore. Milano, Hoepli, 1898. XLIX, 300 S. L. 1.—. 1434.

Ambrosi, Fr. Epilogo storico-filosofico-naturale della Divina Commedia esposto al popolo. Nell' occasione che si erige in Trento il monumento a Dante Alighieri. Trento, Scotoni e Vitti, 1896. 161 S. 1435.

Ammann, Prof. J. J., das Verhältnis von Strickers Karl zum Rolandslied des Pfaffen Konrad mit Berücksichtigung der Chanson de Roland. (Forts.) [Beil. z. 24. Jahresb. 1896/97 d. k. k. Staats-Obergym. in Krumau.] 19 S. (S. Nr. 6.) 1436.

Andrian, Ferd. Freih. v., Über Wetterzauberei. S.-A. aus MAGW., XXIV. Bd., 1894. Wien, Selbstverl. d. Anthrop. Ges., 1894. 121 S. 1437.

Anelli, Luigi, Origine di alcuni modi di dire popolari nel dialetto vastese. Edizione a benefizio del monumento che verrà innalzato nel Vasto a Gabriele Rossetti. Vasto, Anelli & Mansitti, 1897. 199 S. L. 2.—. 1438.

Angelitti, Filippo, Libero docente di Astronomia nella R. Univ. di Napoli, 1° Assistente nel R. Osservatorio di Capodimonte, Sulla data del viaggio Dantesco desunta dai dati cronologici e confermata dalle osservazioni astronomiche riportate nella Commedia. Memoria letta all' Accademia Pontaniana nelle tornate dell' 11 Aprile e del 6 Giugno 1897 dal socio residente . . . . . Napoli, Tip. della R. Univ., 1897. VII, 100 S. L. 3.—. 1439.

Annales della Societad Rhaetoromanscha. Annada undecima. Ediziun e Propietad della Societad. Cuira, Stamparia da Hermann Fiebig. 1896. 350 S. 1440.

Aucassin und Nicolete. Lyrische Oper in vier Aufzügen von August Enna. Text von Sophus Michaelis. Potpourri für Klavier allein. Leipzig, Breitkopf & Härtel, 1896. 22 S. Mk. 5.—. 1441.

Azzi-Curatoli, Maria, (Miranda), Guida allo studio di Giacomo Leopardi. Pesaro, Federici, 1897. 32 S. 70 Ct. 1442.

Bahrs, Prof. Dr. H., Deutsche Übungsstücke zum Übersetzen ins Französische für die oberen Klassen von

5*

Realgymnasien und Oberrealschulen. Im Anschluss an die Lehrbücher der französ. Sprache von Direktor Prof. Dr. Strien hgg. Halle a./S., E. Strien, 1896. VIII, 157 S. 1443.

Bassermann, Alfred, Dantes Spuren in Italien. Wanderungen und Untersuchungen. Mit einer Karte von Italien und 67 Bildertafeln. Heidelberg, Carl Winter, 1897. VII, 303 S. 4.° geb. Mk. 40.   1444.

Baumgartner, Andreas, Prof. an der Kantonsschule in Zürich, Exercices de Français. Übungsbuch zum Studium der französischen Grammatik. Im Anschluss an des Verfassers „Grammaire française". Zweite Auflage. Zürich, Orell Füssli, 1897. 80 S. 80 Pf.   1445.

Baumgartner, Andreas, Grammaire française. Französische Grammatik für Mittelschulen. 2. verbess. Aufl. Zürich, Orell Füssli, 1896. X, 160 S. geb. Fr. 1.60.   1446.

Baumgartner, A., Prof. an der Kantonsschule, Zürich, u. Zuberbühler, A., Lehrer an der Sekundarschule, Wädensweil, Neues Lehrbuch der französischen Sprache. Siebente verb. Aufl. Zürich, Orell Füssli, o. J. [Vorwort v. 1896.] XIV, 240 S. Mk. 2.   1447.

Bechtel, A., Enseignement par les yeux (Leçons de choses) basé sur les tableaux muraux d'Ed. Hœlzel. Édition destinée à l'enseignement secondaire. Deuxième édition. Vienne, Ed. Hœlzel, 1897. XIV, 117 S. fl. 1.40.   1448.

Bechtel, Adolf, Französische Sprachlehre für Bürgerschulen, I. Stufe. 15., im wesentl. unveränd. Aufl. IV, 60 S. Geb. fl. 0.46. — Französisches Sprech- und Lesebuch für Bürgerschulen, II. Stufe, für die zweite

Klasse der Bürgerschule. 4. unveränd. Aufl. IV, 76 S. Fl. 0.52. III. Stufe, für die 3. Klasse. 3., im Wesentl. unveränd. Aufl. IV, 92 S. Fl. 0.56. — Wien, A. Hölder, 1897.   1449.

Becker, Heinrich, Königsberg i. Pr., Zur Alexandersage. Der Brief über die Wunder Indiens bei Johannes Hartlieb und Sebastian Münster. S.-A. aus der Festschrift zum 70. Geburtstage Oskar Schades. Königsberg i. Pr., Hartung, 1896. 26 S. 1450.

Beltrami, Luca, Alessandro Manzoni. Con 9 autografi e 58 illustrazioni. Milano, Hœpli, 1898. 193 S. (MH. 266.)   1451.

Beneducci, Francesco, Dott., H. Giraldi e l'Epica nel cinquecento. Bra, Racca, 1896. 48 S. L. 2.   1452.

Beneducci, Francesco, Pettegolezzo Manzoniano. Melfi, Antonio Liccione, 1897. 12 S.   1453.

Beneducci, Fr., Saggio sopra le opere del Boccalini. Bra, Tipografia Racca, 1896. 104 S. L. 2.   1454.

Benezé, Emil, Das Traummotiv in der mhd. Dichtung bis 1250 und in alten deutschen Volksliedern. Halle, Niemeyer, 1897. 82 S., Mk. 2.40. (Sagen- und litterarhistorische Untersuchungen von Emil Benezé, Nr. 1.)   1455.

Benezé, Emil, Orendel, Wilhelm von Orense und Robert der Teufel. Eine Studie zur deutschen und französ. Sagengesch. Halle, Niemeyer, 1897. 112 S., Mk. 2.80. (Sagen- u. litterarhist. Untersuchungen, Nr. 2.)   1456.

Benivieni, Hieronymo, Dialogo di Antonio Manetti, cittadino fiorentino, circa al sito, forma et misure dello „Inferno" di Dante Alighieri, poeta excellentissimo; ristampato di su la prima edizione col riscontro del ms. Riccardiano, aggiuntavi una nuova

tavola e un'introduzione di Nicola
Zingarelli. Città di Castello, S.
Lapi, 1897. 144 S. COD. 37—39. 1457.

Benussi, B. Dott., Direttore del ci-
vico Liceo femminile di Trieste, Nel
Medio Evo. Pagine di storia Istriana.
Parenzo, Società istriana di archeo-
logia e storia patria; Tipogr. di
Gaetano Coana, 1897. [Triest, F. H.
Schimpff.] LXXVIII, 720 S. und
5 Tafeln. (S.-A. aus AMSIASP.
Bd. IX—XIII.) 1458.

Berg, Sven, Bidrag till frågan om det
attributiva adjektivets plats i modern
franska. In: Trån Filologiska före-
ningen i Lund. Språkliga uppsatser,
S. 105—121. Lund, E. Malmström,
1897. 1459.

Bergische Sagen. Gesammelt und
mit Anmmerkungen hgg. von Otto
Schell. Mit 5 Lichtdruckbildern.
[S. III—VI Vorwort von Dr. F. S.
Kranss in Wien.] Elberfeld, Bae-
deker, 1897. XXXIV, 608 S. 1460.

Berkum, A. van, De Middelneder-
landsche Bewerking van den Par-
thonopeus-Roman en hare verhouding
tot het oudfransche origineel. Diss.
Leiden. Groningen, J. B. Wolters,
1897. 12 unp., CL, 14 unp. S. 1461.

Bessarione. Anno II, Nr. 14—18,
Giugno—Ottobre 1897. S. Nr. 891. 1462.

Betz, Dr. Louis P., Privatdoz. an der
Universität Zürich, die französische
Litteratur im Urteile Heinrich Heine's.
Berlin, Gronau, 1897. VIII, 67 S.
(FS. N. F. Heft II.) Mk. 2 —. 1463.

Betz, Louis P., Essai de bibliographie
des questions de littérature comparée. In RPhFL. X 247—274, XI
22—61, 81—108. 1464.

Beyer, Franz, Französische Phonetik
für Lehrer und Studierende. Zweite
verbess. Aufl. Cöthen, Otto Schulze,
1897. XVI, 222 S. Mk. 4.80. 1465.

Biadego, Giuseppe, cav. prof., Antonio Rosmini a Verona. Milano,
L. F. Cogliati, Via Pantano 26, 1897.
44 S. (Estr. dal Vol.: Per Antonio
Rosmini al primo centenario della
sua nascita, 24 Marzo 1897.) 1466.

Biadego, Giuseppe, Spigolature Man-
zoniane. Comunicazione letta nell'
adunanza del 10 Giugno 1897. Verona,
G. Franchini, 1897. 10 S. (Estr. dal
Vol. 73, Serie III, Fasc. 1 dell'
AV). 1467.

Bianchini, Gius., [R. Liceo-Ginnasio,
di Verona], Il Gondoliere dantista
(Antonio Maschio). Venezia, Carlo
Ferrari, 1897. [Mit Porträt von A.
Maschio.] 45 S. L. 1.—. 1468.

Biart, Lucien, Quand j'étais petit.
Histoire d'un enfant racontée par un
homme. Adapted for use in schols,
with notes and vocabulary by James
Boyelle, B. A. (Univ. Gall.), (officier
d'Académie), Examiner in the Univ.
of London, Senior French Master at
Dulwich College. Part. II. Cambridge, Univ. Press., 1897. VI, 166 pp.
Sh. 2.—. (PPS.) 1469.

Blaschke, Paul, Hg. der Internationalen Lazarettsprachführer und frühe-
rer Lehrer an einer Postfachschule
zu Berlin, Grammatik der französ.
Sprache für Verkehrsbeamte unter
besonderer Berücksichtigung der
Post- und Telegraphenbeamten sowie der Vorbereitungsanstalten für
das Postfach etc. Nebst einer Sammlung der wichtigsten technischen
Ausdrücke für Post und Telegraphie.
Zweite, verb. und vermehrte Aufl.
Berlin u. Leipzig, Friedrich Luck-
hardt, o. J. [Vorwort von 1897.]
VIII, 315 S. Mk. 3. 1470.

Boccaccio, Giovanni, Trenta Novelle. Nuova scelta con note, osservazioni e lessico ad uso delle scuole

[a cura di] Giuseppe Finzi. 2ª ediz.
riveduta e corretta. Milano, Al-
brighi, Segati & C., 1898. XX, 291 S.
L. 2.50.   1471.
Bohnstedt, Kurt K. Rud., Vie Saint
Nicholas, afz. Gedicht. Leipziger Diss.
Erlangen, Fr. Junge, 1897. 44 S. 1472.
Boileau. L'Art Poétique. Vierter Gesang. In freier metrischer Über-
tragung. Von Georg Reimann,
Professor. Beil. z. Pr. des kgl. evang.
Gymn. zu Graudenz. Ostern 1897.
Graudenz, Gustav Röthes Buchdr.
1897. Pr.-Nr. 31. 15 S.   1478.
Boillat, J., Li Batarélo. Poésies pa-
toises. 6ᵐᵉ et dernière série [S. 61—
80]. Nimes, Debross-Duplan, 1897.
40 cent.   1474.
Brandes, Georg, Das junge Deutschland. Übers. von A. v. d. Linden.
Mit Namen- und Sach-Register.
3. Aufl. Leipzig, H. Barsdorf, 1897.
422 S. Mk. 6.00. Bd. 6 von: „Die
Hauptströmungen der Litteratur des
19. Jahrh." von G. Brandes, Jubil.-
Ausg.   1475.
Brandes, Georg, Die Emigranten-
litteratur. Übersetzt und eingeleitet
von Adolf Strodtmann. Einzig
autoris. deutsche Ausg. 5., gänzl.
umgearb. u. verm. Aufl. Jubil.-Ausg.
Leipzig, H. Barsdorf, 1897. XVIII,
269 S. Mk. 4.50. Bd. 1 von: „Die
Hauptströmungen der Litteratur des
19. Jahrh.", von G. Brandes. 1476.
Breitinger, H. und Fuchs, J.,
Französ. Lesebuch für Mittelschulen.
I. Tl., neu bearb. von Büeler, G.
und Schmeller, P., Professoren an
der Thurgauischen Kantonschule.
Frauenfeld, J. Huber, 1897. IV, 212 S.
Mk. 1.60. 1897.   1477.
Brisson, Adolphe, Portraits intimes.
Troisième série. (Promenades et Vi-
sites.) Paris, Colin et Cie., 1897.
XII, 812 S.   1478.

Brunetière, Ferdinand, de l'Acadé-
mie Française, Manuel de l'Histoire
de la Littérature française. Paris,
Delagrave, 1898. VIII, 531 S. 1479.
Buscherbruck, Karl, Die afz. Pre-
digten des Heiligen Bernhard von
Clairvaux. In RF. IX, 3, p. 662—
743. 1896.   1480.
Cant nouviau e batismau à moun
Fiéu, à ma Nouero [von J. Boasy,
M. Bourrelly, A. Crousillat, A. de
Gagnaud, M. Gautier, C. Guillibert,
E. Koschwitz, L. Larchey, F. Les-
cure, R. Marcelin, C. Martin, E. Por-
tal, P. Roman, Tamizey de Larroque,
F. Vidal; — P. Arbaud, E. Bigot,
J. Borel, Canounge Burges, M. Da-
mian, A. de Gagnaud, C. Guillibert,
A. Jouveau, E. Long, J. Monné, L.
Reynaud, J. Sorbier, Tamizey de
Laroque, F. Vidal.] A-z-Ais de
Prouvènço, pér Calèndo de 1897.
30 S.   1481.
Champion, Edme, Voltaire, Etudes
critiques. L'homme. L'Écrivain. Le
Critique. L'Historien. Le Courtisan.
Le Patriote. Voltaire et la Révolution. 2ᵉ édition. Paris, Armand
Colin & Cie., 1897. VII, 301, 8 S. 1482.
La belle Dame sans mercy. En
fransk dikt författad uti åtta-radiga
strofer af en hofpoet (Alain Char-
tier ÅR 1426) från Början af Fjor-
tonhundratalet och omsatt uti ron-
deau'er af en hofdam (Anne de
Graville omkring ÅR 1525) från
Början af Femtonhundratalet samt
dels efter ett sällsynt tryck af dik-
tens äldre form, dels, för första
gången, efter en unik handskrift af
dess yngre form, utgifven af Carl
Wahlund. (Skrifter utgifna af K.
Humanistiska Vetenskapssamfundet i
Upsala. V. 8.) Upsala 18 sept. 1897.
Almquist & Wiksell.   1483.

Coloma, P. Luis, Lappalien. Autorisierte Übersetzung aus d. Spanischen von Ernst Berg. 3. Aufl. Berlin W. 50, Verlag der Romanwelt. 671 S. 1484.

Colomb, G., Anc. élève de l'École normale sup.e, Docteur ès sciences, Sous-directeur du Laboratiore de Botanique à la Faculté des Sciences de Paris, L'Enseignement par l'Image. Leçons de Choses en 650 gravures. Cours moyen. 4.e éd. Paris, Colin et Cie., 1896. 148 S. 1485.

Cornu, J. Beiträge zu einer künftigen Ausg. des Poema del Cid. S.-A. aus ZRPh. XXI 461—528. 1486.

Corssen, Peter, Der Cyprianische Text der Acta apostolorum. S.-A. des Pr. des kgl. Gymn. zu Schöneberg-Berlin W. Berlin, Weidmann, 1892. 26 S. 4°. Mk. 1.60. 1487.

Curto, Prof. dott. G., La Beatrice e la Donna Gentile di Dante Alighieri. Conferenza tenuta il 26 Aprile 1896 nel „Gabinetto di lettura" di Pola. Pola, 1897, C. Martinolich. 105 S. fl. 1.—. 1488.

Dan, George, Lehrer der rum. Sprache an der k. k. Theresianischen Akad. u. an der k. k. öff. Lehranstalt für orientalische Sprachen etc., Theoretisch-praktisches Lehrbuch der rumänischen Sprache für öffentlichen, Privat- und Selbstunterricht. Wien, Moritz Perles, 1897. IV, 240 S. Mk. 4.— 1489.

Dante Alighieri, La Vita Nuova secondo la lezione del cod. Strozziano VI, 143. Con un Sommario della Vita di Dante e brevi annotazioni per uso delle scuole a cura di G. L. Passerini. Torino &c., Paravia e C., 1897. XLVI, 75 S. L. 1.25. 1490.

Il trattato de vulgari eloquentia di Dante Alighieri, per cura di Pio Rajna. Edizione minore. Firenze, Le Monnier, 1897. X, 87 pp. L. 1.— 1491.

La Divina Commèdia di Dante Alighièri corredata dei segni della pronunzia e di nuòvi spediènti utili all' evidènza, ai raffronti, alle ricerche, alla memorazione, ecc., dal Prof. Dr. Luigi Polacco. Milano, Hoepli, 1896. X, 400 S. L. 1.— 1492.

Une Illustration de l'Enfer de Dante. LXXI miniatures du XVe siècle. Reproduction en phototypie et description par C. Morel, chancelier de l'Univ. de Fribourg en Suisse. Paris, H. Welter, 1896. XIII, 140 p. 71 Tafeln Ill. Quer 4°. 1493.

Davidsohn, Robert, Forschungen zur älteren Geschichte von Florenz. Berlin 1896. Ernst Siegfried Mittler & Sohn. VI, 188 S. Mk. 6.50. 1494.

Davidsohn, Robert, Geschichte von Florenz. Erster Band: Ältere Geschichte. Mit einem Stadtplan. Berlin 1896. Ernst Siegfried Mittler & Sohn. IX, 867 S. Mk. 18.— 1495.

Dehò, Candidato Dott. Sac. Ettore, La letteratura francese in Italia nei secoli XI., XII., XIII. Saggio di compilazione letteraria. Senigallia, Puccini & Massa, 1896. 28 S. 1496.

Dippe, Dr. Oskar, Oberlehrer, Die fränkischen Trojanersagen. Ihr Ursprung u. ihr Einfluss auf die Poesie und die Geschichtschreibung im Mittelalter. S.-A. a. d. Jahresb. d. Matthias-Claudius-Gymn. zu Wandsbek. 1896, Pr.-Nr. 293. 23. Jahrg. Druck v. Fr. Puvogel, Wandsbek, 1896. [Leipzig, Fock.] XXX S. Mk. 1. 1497.

Dittmar, Armin, Dr. phil., Lehrer an der königl. Fürsten- und Landesschule zu Grimma, Studien zur laleinischen Moduslehre. Leipzig, B. G. Teubner, 1897. X, 346 S. Mk. 8. 1498.

Dodge, Dr. Raymond, Die motorischen Wortvorstellungen. Halle, Niemeyer, 1896. 78 S. (Abhandlungen zur Philosophie und ihrer Gesch., hgg. v. Benno Erdmann, 8. Heft.) Mk. 2. 1499.

Döhler, Dr. Emil, Direktor des Lehrerinnen-Seminars u. der städt. höheren Mädchenschule in Cottbus, Coup d'œil sur l'histoire de la littérature française. Kurzer Überblick über die Geschichte d. französischen Litteratur. Für den Schulgebrauch bearbeitet. 5. Aufl. Dessau, Paul Baumann, 1898. 27 S. Mk. 0.50. 1500.

Dottin, Georges, Ancien élève de l'École Pratique des Hautes Études et de la Sorbonne, Maître de Conférences à la Faculté des Lettres de Rennes, Les désinences verbales en R en sanscrit, en italique et en celtique. Thèse présentée à la Faculté des Lettres de Paris. Rennes, Plihon et Hervé, 5, rue Motte-Fablet, 1896. XXIII, 412 S. 1501.

Dumas, Alexandre, La Fortune de d'Artagnan. An episode from Le Vicomte de Bragelonne. Edited, wick introd. and notes, by Arthur R. Ropes, M.A., late Fellow of King's Coll., Cambridge, Univ. Press, 1897. XVI, 272 S. Sh. 2.— (PPS.) 1502.

Durand, L. et M. Delanghe, professeur aux cours supérieurs de la „Société pour la propagation de la langue française" à Paris, Konversationsunterricht im Französischen. Bd. I, 2. Aufl., Heft 3: Herbst, 24 S.; 4: Winter, 25 S. (S. Nr. 993.) — Bd. II, Heft 5: Stadt, 36 S.; 6: Wald, 26 S.; 7: Hochgebirge, 27 S.; 8: Bauernhof, 24 S. [Heft 1 bis 8, auch mit französ. Einzeltiteln, enthalten je 1 Tafel]. — Bd. III, Doppelheft 9, 10:

Dr. F. Koch, Lehrer am Realgymn. und an der Oberrealsch. zu Bremen, u. M. Delanghe, Französ. Sprachlehre, mit vollst. Wörterbuch, 88 S. — Bd. IV: M. Delanghe, Une Vue de Paris, 64 S., 2 Tafeln. — Giessen, Emil Roth, o. J. [1897]. Heft 1 bis 8 je Mk. 0.40; Bd. III, IV je Mk. 0.80. 1503.

L'Éloquence française depuis la Révolution jusqu'à nos jours. Französische Reden. Für den Schulgebrauch hgg. von Prof. Dr. F. J. Wershoven. Dresden, Gerhard Kühtmann, 1897. VII, 135 S. [Hierzu:] Anmerkungen, 27 S. [und] Wörterbuch, 29 S. (TAFES.) 1504.

Elster, Ernst, Prinzipien der Litteraturwissenschaft. I. Bd. Halle, Niemeyer, 1897. XX, 488 S. Mk. 9. 1505.

Enzinas, Francisco de, Denkwürdigkeiten, Melanchthon gewidmet. Übersetzt von Hedwig Boehmer. Mit Einleitung und Anmerkungen von Eduard Boehmer. 2. Aufl. Leipzig, Dürr'sche Buchh., 1897. 252 S. Mk. 6.— 1506.

Erwin, William, Bertran de Born. Ein provenzalischer Sang. Meran, C. Jandls Buchdr. (Anton Eberlin), o. J. 1507.

The Fairy Tales of Master Perrault. Edited, with notes and vocabulary, by Walter Rippmann, M. A., late Assistant Lecturer in Modern Languages, &c. Cambridge, Univ. Press, 1897. VII, 139 S. Sh. 1/6. (PPS.) 1508.

Feichtinger, Emanuel, Prof. am k. k. Staats-Real- und Obergymn. im VI. Bezirk in Wien, Lehrgang der französ. Sprache für Gymnasien. I. Teil. (Für zwei Jahreskurse zu je 2 Stunden in der Woche). Mit

Erlass des hohen k. k. Ministeriums für Kultus u. Unterricht vom 7. Mai 1894, Z. 9718, zum Unterrichtsgebrauch an Gymnasien mit deutscher Unterrichtssprache allgemein zugelassen. Wien 1894; Afr. Hölder. VI, 265 S. fl. 1.30. 1509.

Felicetti, Sac. Lorenzo (Trentino), Dante poeta cattolico. Studio. Pubblicato in occasione del Monumento eretto a Dante in Trento nel 1896. Milano, Giacomo Agnelli, Via S. Margharita, 2. 1896. 244 S. 1510.

Fest, O., Dr., Der Miles gloriosus in der französ. Komödie von Beginn der Renaissance bis zu Molière. Erlangen und Leipzig, Deichert, 1897. XV, 123 S. Mk. 2.80. MB. 13. Heft. 1511.

Fettor, Johann k. k. Direktor der Staats-Oberrealschule im IV. Bezirke in Wien. Lehrgang der Französ. Sprache, I. u. II. Teil. 7., unveränd. Aufl. Wien 1897, Bermann u. Altmann. V, 211 S. geb. fl. 1.15. 1512.

Fetter, Johann, Französ. Sprachschule für Bürgerschulen und verwandte Lehranstalten. II. Teil. 2., unveränderte Aufl. Wien 1897, Bermann u. Altmann. VI, 58 S. cart. 40 kr. 1513.

Fetter, J., La troisième et la quatrième année de grammaire frçe. 4e. édition. Vienne 1897. Bermann et Altmann. 74 S. Cart. 48 kr. 1514.

Figuier, Louis, Scènes et tableaux de la Nature. Ausgewählt und mit Anmerkungen zum Schulgebrauch hgg. von Dr. W. Klingelhöffer, Prof. am Ludwig-Georgs-Gymn. zu Darmstadt, und Dr. J. Leidolf, Lehrer an der Realschule ebenda. Berlin, R. Gärtner, 1898. IV, 117 S. SBFEPS., Nr. 32. 1515.

Iulii Firmici Materni Matheseos libri VIII ediderunt W. Kroll et

F. Skutsch. Fasciculus prior libros IV priores et quinti prooemium continens. Lipsiae, in aed. B. G. Teubneri, MDCCCXCVII. (BSGRT.) XII, 280 S. Mk. 4.—. 1516.

La France. Lectures géographiques. Ausgewählt und bearb. von Prof. Dr. F. J. Wershoven. Mit 45 Abbildungen, einem Plan von Paris u. einer Karte. Dresden, G. Kühtmann, 1896. VII, 196 S. Mk. 2. (TATES. Nr. 28.) 1517.

Franciosi, Giovanni, Il Dante Vaticano e l' Urbinate. Descritti e studiati per la prima volta. Città di Castello, S. Lapi, 1896. 146 S. (COD. N. 33—34.) 1518.

Frank, Félix, Membre de la Société d'Histoire littéraire de la France, Dernier Voyage de la reine de Navarre Marguerite d'Angoulême, sœur de François Ier, avec sa fille Jeanne d'Albret, aux bains de Cauterets (1549). Épîtres en vers inconnues des historiens de ces princesses et des éditeurs de leurs oeuvres. Étude critique et historique d'après des textes inédits et des recherches nouvelles, suivie d'un appendice sur le vieux Cauterets, ses thermes et leurs transformations. Toulouse, Édouard Privat; Paris, Émile Lechevalier, 39, quai des Grands-Augustins; 1897. 112 S. (S.-A. aus RPy. T. VIII, et augm. ici d'un Appendice.) 1519.

Fregni, Avv. Giuseppe, Delle più celebri iscrizioni etrusche ed umbre. L'arringatore di Firenze, le tombe dei volunni e le tavole eugubine. Studi Storici, Filologici e Letterari. Con Incisioni Litografiche Illustrative. Modena, Angelo Namias e C., 1897. III, 155 S. 10 tavole. 1520.

Friedlaender, L., Das Nachleben der Antike im Mittelalter. (DBu.

23. Jhr. Heft 11. August 1897.
S. 210—240. Heft 12. Sept. 1897.
S. 370—401). 1521.
Fürst, Rudolf, Die Vorläufer der modernen Novelle im 18. Jahrh. Ein Beitrag zur vergleichenden Litteraturgesch. Halle, Niemeyer, 1897. VII, 240 S. M. 6.—. 1522.
Furnari, Luigi, Prof. nel R. Liceo-Ginnasio T. Campanella, Simon Fórnari da Rheggio primo spositore dell'Orlando Furioso nel 1549. Saggio storico-critico. Con appendice di documenti e notizie di storia patria. Reggio di Calabria. Stab. Tip. Francesco Morello, Via Bianchi. 1897. 64 S. L. 1.— 1523.
Gaut, J. B., Un couer de troubaire, dramo en un ate. Obro poustumo publicado pèr l'Escolo de Lar au vinten anniversàri de sa foundacien en memòri de soun Cabiscòu regreta. A-z-Aïs, Carriero dóu Felibre-Gaut, 5. 1897. 36 S. 1524.
Geist, August, Mussetsche Gedichte in deutscher Fassung. Pr. des kgl. human. Gymn. zu Kempten für das Schuljahr 1896/97. Kempten. Comm.-Verl. der Jos. Kösel'schen Buchh. 1897. 41 S. 1525.
Génin, Lucien, et Joseph Schamanek, Conversations Françaises sur les tableaux d'Ed. Hoelzel. I. Le Printemps, avec une chromolithographie, 2ᵉ éd. Vienne, Ed. Hoelzel, o. J. [1897]. 12 S. fl. —.30. 1526.
Génin, Lucien, et Schamanek, Joseph, Paris. Conversations françaises. Avec un plan et une chromolithographie. Vienne, Ed. Hölzel. 64 S. fl. 1.20 = M. 2.—. 1527.
Gentili, Prof. Dott. Angelo, Fonetica del dialetto Cosentino. Studi e ricerche. Milano, Tip. Bernardoni di C. Rebeschini e C., 1897. 58 S. 1528.

Gerini, Prof. Dott. G. B., Gli Scrittori Pedagogici Italiani del secolo decimosesto. (Coll. di Libri d'Istruzione e di Educazione. Volume 350. 1897. G. B. Paravia e Comp. Torino-Roma-Milano-Firenze-Napoli. VIII, 496 S. L. 5.— 1529.
Die Gesta Caroli Magni der Regensburger Schottenlegende. Zum ersten Mal ediert und kritisch untersucht von Dr. A. Dürrwaechter. Bonn, P. Hanstein, 1897. 227 S. M. 6.— 1530.
Goerlich, Dr. Ewald, Oberl. am Realgymn. zu Dortmund. Französische und englische Vokabularien zur Benutzung bei den Sprechübungen über Vorkommnisse des täglichen Lebens I. Französische Vokabularien. 1. Bändchen: Die Schule, 30 S. 2. Bdchen: Der Herbst, 23 S. Leipzig, Renger, 1897. Jedes Bändchen M. —.40. 1531.
Gorra, Egidio, Lingua e letteratura spagnuola delle origini. Milano Hoepli, 1898. XVII, 430 S. L. 6. 1532.
Gozzi, Gaspari, L'Osservatore Veneto, periodico pubblicato integralmente secondo l'ediz. origin. del 1761 e postillato ad uso delle scuole da Emilio Spagni. (Umschlag: Collezione scolastica secondo i Programmi governativi.) Firenze, Barbèra, 1897. XV, 607 S. L. 2.50. 1533.
Gräfenberg, Dr. S., Praktisches Lehrbuch der spanischen Sprache für Handelsschulen und zum Selbstunterricht. Frankfurt a/M. Carl Jügel's Verlag (Morits Abendroth), 1897. VI, 208 S. geb. M. 3.— 1534.
Grassi Bertazzi, Giambattista, Vita intima. Lettere inedite di Lionardo Vigo e di alcuni illustri suoi contemporanei. Catania, Nicolò Giannotta, Via Lincoln, N. 271—273—275. 1896. 284 S. L. 2.50. 1535.

Grassi Bertazzi, Giambattista, Lionardo Vigo e i suoi tempi. Catania, N. Giannotta, 1897. 439 S. L. 4. 1536.

Grünwald, V., Prof. nel r. Istituto tecnico di Livorno, Direttore del Periodico La Lingua tedesca, e Gatti, G. M., Prof. nel r. Ist. forestale di Vallombrosa, già assistente all' Accademia di Commercio in Vienna, Disionario delle lingue italiana e tedesca compilato da.... [Parte prima:Italiano-Tedesco.] 677 S. L. 12.50. Livorno, S. Belforte e C. (Giulio Belforte); Berlino, Langenscheidt; 1893. [Auf dem Umschlag:] 1897. 1537.

Grupe, Eduard, Oberl. Dr., Zur Sprache des Apollinaris Sidonius. GPr. Zabern. Zabern, H. Fuchs, 1892. Pr. No. 519. 15 S. 1538.

Haymann, Franz, Referendar, Der Begriff der volonté générale als Fundament der Rousseauschen Lehre von der Souveränetät des Volks. Hall. Diss. Leipzig, Veit & Com., 1897. 59 S. 1539.

Hecker, Dr. Oskar, Lektor der italien. Sprache an der Universität Berlin, Die Italienische Umgangssprache in systematischer Anordnung und mit Aussprachehilfen dargestellt. Braunschweig, G. Westermann. XI, 312 S. M. 4.—. 1540.

Hegewald, Dr., ancien Universitaire, Professeur titulaire, VI Leçons Pratiques. Pour faire suite au Recueil de Synonymes français publié par ..... Avec un supplément: Les Homonymes français. Meiningen, K. Keyssner, 1898. 47 S. 1541.

Hellmann, Dr. Siegmund, Die sogenannten Memoiren de Grandchamps und ihre Fortsetzungen und die sogenannten Memoiren des Marquis de Sassenage. München, Dr. H. Lüneburg, 1896. 160 S. M. 6.—. (HA. Heft X). 1542.

Hémon, Félix, Inspecteur de l'Acad. de Paris, La Rochefoucauld. Paris, Lecène, Oudin et Cie, 1896. 239 S. (CP.) 1543.

Hervouet, L'Abbé A., Professeur à l'externat des Enfants-Nantais, Fénelon & le duc de Bourgogne. Discours prononcé à la Distribution des Prix, le 23 Juillet 1896. Nantes, Impr. Émile Grimand et fils, Place du Commerce, 4, 1896. 27 S. 1544.

Hesseling, D. C., Charos. Ein Beitrag zur Kenntnis des neugriechischen Volksglaubens. Leiden, S. C. Van Doesburgh; Leipzig, O.Harrassowitz, o. J. [1897]. VIII, 64 S. 1545.

Hüllweck, Oberl. Dr. A. —: Adverbiale Bestimmungen swischen Subj. und Prädikat im Französ. Zerbst 1897, Druck von Otto Schnee. XVII S. 4°. Pr. Nr. 712 des Herzoglichen Franciscoum zu Zerbst, Ostern 1897. 1546.

Huss, B., Hauptlehrer zu Mühlhausen im Elsass, Leitfaden zur Erlernung der französischen Sprache, bearbeitet nach dem Prinzip der Anschauung. 11. Aufl. Strassburg i. E., Strassb. Druck. und Verlagsanst., vorm. R. Schultz & Comp. o. J. [1897]. VI, 297 S. Geb. M. 1.50. 1547.

Jacobi, Hermann, ord. Prof. an der Univ. Bonn, Compositum und Nebensatz. Studien über die indogermanische Sprachentwicklung. Bonn, Friedrich Cohen, 1897. X, 127 S. M. 8.— 1548.

Vierter Jahresbericht des Instituts für Rumänische Sprache (rumänisches Seminar) zu Leipzig. Hgg. von Prof. G. Weigand. [Enthält:

Vorwort und Jahresbericht. Die Kasusbildung des Singular im Rumänischen, von Ernst Baomeister. Der heutige Stand der Pluralbildung im Dako-Rumänischen, von Hermann Thalmann. Der Codex Dimonie, Blatt 11—40, von G. Weigand. Die Anwendung von pre als Akkusativzeichen (Fortsetzung), von St. Stinghe. Körösch- und Marosch-Dialekte, von G. Weigand]. Leipzig, J. A. Barth, 1897. IX, 336 S. M. 6.— 1549.

Jannaris, A. N., Ph. D., Lecturer on post-classical and modern Greek at the Univ. of St. Andrews, author of ʼAn ancient Greek Lexicon for Greeks', ʼA modern Greek and English Dictionary', ʼA modern Greek Grammar for Germans', etc. etc., An Historical Greek Grammar chiefly of the Attic Dialect as written and spoken from classical antiquity down to thepresenttime, founded upon the ancienttexts, inscriptions, papyri, and present popular Greek. London, Macmillan & Co., Limited, 1897. XXXVIII, 737 S. Cash price in Groat Britain Sh. 25.—. 1550.

Joret, Charles, Prof. à l'Univ. d'Aix, Correspondant de l'Institut, Les Plantes dans l'antiquité et au moyen-âge. Histoire, usages et symbolisme. Ière partie: Les plantes dans l'Orient classique. I: Égypte, Chaldée, Assyrie, Judée, Phénicie. Paris, E. Bouillon, 1897. XX, 504 S. Fr. 8.—. 1551

Kahle, W., Seminar-Oberlehrer, und Rasch, H., Mittelschullehrer, Französisches Lesebuch für Mittelschulen mit sachlichen Anmerkungen und einem Wörterbuche. Cöthen, Otto Schulze, 1897. XI, 304 S. M. 2.80. 1552.

Klein, Dr. Friedrich, Der Chor in den wichtigsten Tragödien der französischen Renaissance. (MB. XII. Heft.)

Erlangen u. Leipzig, Deichert, 1897. XX, 144 S. M. 2.80. 1553.

Kleinpaul, Rudolf, Die Lebendigen und die Toten in Volksglauben, Religion u. Sage. Leipzig, Göschen, 1898. VI, 293 S. M. 6.—. 1554.

Koschwitz, Dr. Eduard, Prof. an der Univ. Marburg, Anleitung zum Studium der französischen Philologie für Studierende, Lehrer und Lehrerinnen. [Eduard Boehmer zum siebzigsten Geburtstage.] Marburg, N. G. Elwert., 1897. VIII, 148 S. M. 2.50 1555.

Kraft, Philipp, Oberl. Dr., Vokalangleichung im frz. Verbalstamm in der Zeit von 1500—1800 (nach Zeugnissen von Grammatikern). Beil. zum 5. Jahresber. der Realsch. in Eimsbüttel zu Hamburg. Schulj. 1896—97. Pr. Nr. 764. Hamburg, Lütcke u. Wulff, 1897. 30 S. 1556.

Kremser, Eduard, Fünf rumänische Volkslieder für Männerchor bearbeitet. Op. 149. In Partitur und Stimmen. Texte deutsch von F. Bergamenter (N. 1, 3), Franz Krämer (N. 2, 5) und Jakob Dont (N. 4). Enthält: 1. Eifersucht, 2. Liebeskündigung, 3. Gelöbniss, 4. Singe, trinke, küsse, 5. Gleiches Geschick. Leipzig, F. E. C. Leuckart [1897]. Je 7 S. Je M. 1.20. 1557.

Lange, Helene, Leitfaden für den Unterricht in der Geschichte der französ. Litteratur. 8. Aufl. [Auf d. Umschlag französ. Titel.] Berlin, L. Oehmigke, (R. Appelius), 1897. VIII, 144 S. M. 1.25. 1558.

Lange, Paul, Dr., Oberl. am Gymn. zu Wurzen, Beobachtungen und Erfahrungen auf dem Gebiete der Anschauungsmethode im französ. Unterrichte. Vortr. geh. am 21. April 1897 auf der Jahresvers. des Sächs.

Gymn. - Lehrervereins zu Wurzen. Wien, Ed. Hölzel, 1897. 40 S. fl. —.80, M. —.50.   1559.

L a v i g n a c , Albert, Prof. d'harmonie au Conservatoire de Paris, Le Voyage artistique à Bayreuth. Onvrage contenant de Nombreuses Figures et 280 Exemples en musique. Paris, Ch. Delagrave, 1897. VI, 584 S. 1560.

L a z a r i l l o d e T o r m e s conforme á la edición de 1554. Publícalo á sus expensas H. Butler C l a r k e, M. A., Correrpondiente de la Real Academia de la Historia. Oxford, en casa de B. H. Blackwell, Broad Street, 1897. IV, 94 S. Aufl. von 250 Ex. 1561.

Simples l e c t u r e s scientifiques et techniques. Aus den Werken von G a r r i g u e s - M o n v e l und L. F i - g u i e r ausgewählt, mit Anmerkungen versehen und zur Schul- und Privatlektüre, wie auch als Material für Sprechübungen hgg. von Dr. Arthur P e t e r , Oberl. am Gymn. zum heiligen Kreuz in Dresden. Berlin, R. Gärtner, 1896. IX, 113 S.   Geb. M. 1.20. SBFEPS., Nr. 21.   1562.

L e f m a n n , S., Prof. Dr., Franz Bopp. Nachtrag, mit einer Einleitung und einem vollst. Register. Berlin, G. Reimer, 1897. XLII, 129 S. S. Nr. 250.   1563.

The L e g e n d o f S i r G a w a i n. Studies upon its original scope and significance, by Jessie L. W e s t o n, translator of Wolfram von Eschenbach's „Parzival". London, David Nutt, 1897. XIV, 117 S. 8h. 4.—. (Grimm Library, No. 7.)   1564.

L e n z , Dr. Rodolfo, Profesor del Instituto Pedagójico de Chile, Estudios araucanos VI. VII. VIII. Cuentos araucanos referidos por el indio Calvun (segundo Jára) en dialecto Pehuenche chileno. I. Cuentos de

animales. II. Cuentos míticos. III. Cuentos de orijen europeo. Indroduccion. 1. Las tres hermanas. 2. Los tres hermanos. 3, Plata, hongos i talero. 4. La flor amarilla. 5. Las tres señas. Publ. en los AUCh. tomo XCIV, S. 177—309. Santiago de Chile, Imprenta Cervantes, 1896 u. 1897.   1565,

L e n z , Dr. Rodolfo, profesor del Instituto Pelagójico de Chile, Estudios Araucanos. Apéndice á los Estudios VI, VII, VIII. Notas comparativas. La filiación de los cuentos de Calvun. Publicados en los AUCh. Santiago de Chile, Imprenta Cervantes, 1897. 48 S.   1566.

L e r m i n a , Jules, et Henri L e v ê q u e, Dictionnaire thématique Français-Argot suivi d'un index Argot-Français. A l'usage des gens du monde qui veulent parler correctement la langue verte. Paris, Bibliothèque Chacornac, 11 Quai Saint-Michel, 1897. XVI, 220 S. 10 Francs. 1567.

L e s u i s s e , F., Conjugationstabelle der schwierigsten Verben der französischen Sprache nebst einem Verzeichnis der gebräuchlichsten französ. Zeitworte. Zum Gebrauch für den französ. Schul- und Selbstunterricht. L. Zolki, Berlin S. Neue Jacobstr. 21. 52 S, 80 Pf.   1568.

L i b o i s , H., Archiviste du Jura, L'instruction primaire dans le département du Jura pendant la Révolution. Application des décrets des 29 Frimaire An II, 27 Brumaire An III et 3 Brumaire An IV. Lous-le-Saunier, Lucien Declume, 1897. 207 S. — Extr. des MSÉJ.   1569.

L i b r a n d i , Prof. Vincenzo, Grammatica albanese con le poesie rare di Variboba, Milano, Hoepli, 1897. (MH. 253—254.) XV, 198 u. 64 S. L. 3.—   1570.

Liepmann, M., Dr. jur. et phil.,
Privatdozent der Rechte an der
Univ. Halle, Die Rechtsphilosophie
des Jean Jacques Rousseau. Ein
Beitrag zur Geschichte der Staats-
theorieen. Berlin, J. Guttentag, 1898.
144 S.   1571.
Lincke, Arthur, Dr. phil., Über den
gegenwärtigen Stand der Volkskunde
im Allgemeinen und der Sachsen's
im Besonderen. Vortrag gehalten
am 80. Okt. 1896 im „Verein für
Erdkunde" in Dresden. Dresden 1897.
XV, 92 S. Mk. 2.—   1572.
Vita e poesie di Sordello di Goito
per Cesare de Lollis. Halle, Nie-
meyer, 1896. (RB. 11.) VIII, 326 S.
Mk. 8.—   1573.
Lorenzi, E., La ruina di qua da Trento.
Note e Appunti. Trento, Scotoni e
Vitti, 1896. 52 S.   1574.
Lovera, Prof. Romeo, Lektor an der
Univ. Marburg: Der italienische
Familienbrief. Eine Sammlung von
ital. Billetten und Briefen des Fami-
lienlebens mit Angabe der Regeln
über die ital. Korrespondenz zum
Schul- und Privatgebrauch. Stutt-
gart, Jos. Roth'sche Verlagsh. 1898.
VIII u. 101 S. Geb. Mk. 1.50. 1575.

Del luogo del martirio e del sepolcro
dei Maccabei. Bessarione,
Supplemento fuori commercio al
Nr. 14 (Dono ai soli abbonati in
corso). Dal „Bessarione", Roma,
88. Apostoli, 51. Tipografia S.
Bernardino, Siena 1897. 48 S. 1576.
Malot, Hector, Remi et ses amis. A
selection from Sans Famille. Edited
with introd., notes and vocabulary
by Margaret de G. Verrall, of
Newnham Coll., Cambridge. [Mit
einer Karte.] Cambridge, Univ.
Press, 1897. XII, 195 S. Sh. 2.—
(PPS.)   1577.

Mahrenholts, Dr. Richard, Frankreich. Seine Geschichte, Verfassung
u. staatlichen Einrichtungen. Aus
Prof. Jos. Sarrazins Nachlass hgg.,
bearbeitet u. vervollständigt. Leipzig, O. R. Reisland, 1897. VIII,
848 S. Mk. 6.50.   1578
Marchesi, Giambattista, Per la storia della Novella Italiana nel secolo
XVII. Note di . . . Roma, E. Loescher e C. (Bretschneider e Regen-
berg), 1897. IV, 221 S. L. 3.50. 1579.
Martin, Dr. C., Professore della „Realschule" granducale di Baden-
Baden, Konversationsunterricht im
Italienischen. Übungen für die ital.
Konversationsstunde nach Hölzels
Bildertafeln im genauen Anschluss
an „Lessons in Engl. conv. by E.
Towers-Clark". Bd. I, Heft 1: Früh-
ling, 27 S.; 2: Sommer, 24 S.; 3:
Herbst, 31 S.; 4: Winter, 33 S. —
Bd. II, Heft 5: Stadt, 34 S.; 6: Wald,
26 S.; 7: Hochgebirge, 27 S.; 8:
Bauernhof, 24 S. [Heft 1 bis 8 auch
mit ital. Einzeltiteln, enthalten je
eine Tafel.] — Bd. III, Doppelheft
9, 10: Ital. Sprachlehre, mit vollst.
Wörterbuch, IV, 93 S. Giessen, E.
Roth, o. J. [1897]. Jedes Heft
Mk. —.40.   1580.
Mattiucci, Pietro Tommasini, Nerio
Moscoli, da Città di Castello, antico
rimatore sconosciuto. Perugia, Unione tipografica cooperativa (già
ditta Boncompagni) 1897. 158 S.
Estratto dal BDStPU. Vol. III, Anno
III, Fasc. I — Nr. 6.   1581.
Medin, Prof. Antonio, libero docente
di letteratura italiana nella R. Università di Padova, Carrateri e forme
della poesia storico-politica italiana
sino a tutto il secolo XVI. Prele-
sione. Padova, Fratelli Gallina,
1897. 41 S.   1582.

Mentz, Dr. Richard, Oberlehrer, Französisches im mecklenburgischen Platt und in den Nachbardialekten. Teil I. Beil. z. Jahresb. des Realprogymn. zu Delitzsch. Ostern 1897. Meyner & Sohn, Delitzsch. 27 S. 4°. 1583.

Meunier, Georges, Agrégé de l'Université, Prof. de lettres au lycée de Sens, Histoire de la Littérature française. Paris, Félix Alcan, o. J. [1897]. 192 S. Fr. —.60. (Nr. 118 der „Bibliothèque Utile".) 1584.

Meunier, L'abbé J.-M., Ancien élève à l'École pratique des Hautes-Études, Licencié ès-lettres, Professeur à l'Institution Saint-Cyr, Étymologies de Beuvray et de Chateau-Chinon. Extr. du BSN. Nevers, G. Vallière, Impr. Place de la Halle et rue du Rempart. 1897. 16 S. (En vente chez M. Thomas-Ferrandier, Rue du Commerce 24, Nevers.) 50 Ct. 1585.

Meyer, Edward, Machiavelli and the Elizabethan Drama. Weimar, E. Felber, 1897. XII, 180 S. Mk. 4.—, Subscr. pr. Mk. 3.50. (LF. Heft 1.) 1586.

Meyer, Erich, Die Entwickelung der Französ. Litteratur seit 1830. Gotha, F. A. Perthes, 1896. 292 S. Mk. 5. 1587.

Michaelis, H., directeur d'école à Spandau, et Passy, P., docteur ès lettres, directeur-adjoint à l'école des Hautes Études, Dictionnaire phonétique de la langue française. Complément nécessaire de tout dictionnaire français. Avec préface de Gaston Paris, Membre de l'Institut (Académie Française et Académie des Inscriptions et Belles-Lettres), Administrateur du Collège de France. Verlag von Carl Meyer (Gustav Prior), Hannover und Berlin SW., 1097. BPWbb., Bd. LXVI, 319 S. Mk. 4. 1588.

Minckwitz, Marie J., Beiträge zur Geschichte der französischen Grammatik im 17. Jahrhundert. I. Der Purismus bei Übersetzern, Lexikographen, Grammatikern und Verfassern von Observations und Remarques. II. Gilles Ménage und seine Observations sur la langue françoise. Züricher Diss. Berlin, W. Gronau 1897. 113 S. (S.-A. aus ZFSL. Bd. XIX.) 1589.

Molière, Les femmes savantes. Erklärt von Dr. H. Fritsche, Direktor der Friedrich-Wilhelms-Schule zu Stettin. Zweite, verbess. Aufl. (Ausgewählte Lustspiele von Molière. Sechster Band. WSFES.) Berlin, Weidmann, 1897. 1168. Anmerkungen hierzu (separat) 68 S. 1590.

Les plus anciens monuments de la langue française publiés pour les cours universitaires par Eduard Koschwitz. Cinquième Édition, revue et augmentée. Avec deux Facsimilé. Leipzig, O. R. Reisland, 1897. 1591.

Moritz, Heinrich, k. Gymnasiallehrer, Die Zunamen bei den byzantinischen Historikern und Chronisten. 1. Teil. Pr. des k. humanist. Gymn. in Landshut 1896/97. 55 S. 1592.

Mortensen, Johan, Fil. Licentiat, Profandramati Frankrike. Gleerupska Universitets-Bokhandeln (Hjalmar Möller). [Lund, 1897, Berlingska Boktryckeri-och Stilgjuteri-Aktiebolaget.] X, 228 S. 1593.

Münster, Dr. Karl, Oberl. in Berlin, und Dageförde, Adolf, städt. Lehrer in Berlin, Elementarbuch der Französischen Sprache. Berlin, L. Oehmigke, 1896. 252 S. Mk. 1.80. 1594.

Mussafia, A., Prof. Dr., Italienische Sprachlehre in Regeln und Beispielen. Für den ersten Unterricht bearb. 25. Aufl. Wien u. Leipzig, W. Braumüller, 1897. 295 S. Mk. 3.40. fl. 1.70. 1595.

Nitschmann, Heinrich, Perlen französischer Dichtung. Auswahl und Übersetzung. Nebst kurzen Lebensskizzen der Dichter. Cöthen, Paul Dünnhaupt, o. J. [1897]. VIII, 228 S.   1596.
Novati, Francesco, Professore Ord. nella R. Academia Scientifico-Letteraria di Milano, L'influsso del pensiero latino sopra la civiltà, italiana del medio evo. Milano, Hoepli, 1897. 178 S. L. 3.—   1597.

Odin, A., Prof. à l'Univ. de Sofia, Genèse des Grands Hommes. Gens de lettres français modernes. Tome Ier. XXIX, 640 S. — Tome IId. Tableau chronologique de la litt. frçse, liste de 6882 gens de lettres frçs accompagnée de 33 tableaux et de 24 planches hors texte. 378 S. Lausanne, Henri Mignot, 1895. Prix des 2 vols.: Fr. 15.—   1598.
Ortiz, Dr. Georg, Die Weltanschauung Calderona. Bern, Steiger & Cie. (vorm. A. Siebert), 1897. 67 S. M. 1.75. (BSPh. Bd. V.)   1599.

Parini, Giuseppe, Le Odi, il Giorno e altre poesie minori, annotate da Guido Mazzoni, col dialogo „Della Nobiltà" in appendice. (Umschlag: Collez. scolast. secondo i Programmi governativi.) Firenze, Barbèra, 1897. XV, 386 S. L. 2.50.   1600.
Paris, G., de l'Académie frçse, dir. du Coll. de France, et Langlois, E., Prof. à la Faculté des lettres de Lille, Chrestomathie du moyen-âge. Extraits publiés avec des traductions, des notes, une introduction grammaticale et des notes littéraires. Paris, Hachette et Cie, 1897. XCIII, 352 S.   1601.
Passiones Vitaeque sanctorum aevi merovingici et antiquiorum aliquot. Edidit Bruno Krusch. (MGH. Scriptorum rerum merovingicarum Tomus III.) Hannoverae. Impensis Bibliopolii Hahniani MDCCCXCVI. VIII, 686 S.   1602.
Passy, Paul, Docteur ès lettres, Directeur-adjoint à l'École des Hautes Études, Abrégé de prononciation française (phonétique et orthoépie), avec un glossaire des mots contenus dans le Français Parlé. Leipzig, Reisland, 1897. 51 S. Mk. 1.— 1603.
Pavailler, M. B., Grammaire du vieux français à l'usage de l'enseignement secondaire. Grenoble, Imprimerie F. Allier père et fils, 1897. [Se trouve chez l'Auteur, professeur à l'Argentière par Duerne (Rhône).] VII, 122 S.   1604.
The Countess of Pembroke's Antonie. Edited with Introduction by Alice Luce (Boston, Mass., U. S. A.). Weimar, E. Felber, 1897. 119 S. Mk. 3.—, Subscr. pr. M. 2.60. (LF. Heft 3.) 1605.
Petri de Dacia Vita Christinae Stumbelensis, edidit Johannes Paulson. Fasc. II secundum de vita Christinae librum continens. Gotoburgi, Wettergren & Kerber, 1896. V, 257 S. Kr. 5.50. Aus SLMAeS. Bd. I.   1606.
Philippi, Adolf, Die Kunst der Renaissance in Italien. Zweites Buch: Die Frührenaissance in Toskana und Umbrien. Mit 95 Abbildungen. S. 113—312. Mk. 3.—. — Drittes Buch: Der Norden Italiens bis auf Tizian. Mantegna, Giorgione, Palma Vecchio. Mit 59 Abbildungen. S. 313—416. Mk. 2.—. — Viertes Buch: Die Hochrenaissance, 1. Lionardo da Vinci und seine Schule. Mit 58 Abbildungen. S. 417—512. M. 2.—. — Viertes Buch: Die Hochrenaissance, 2 und 3. Michelangelo und

Raffael. Mit 96 Abbildungen und einem Lichtdruck S. 513—668. Mk. 3.—. — Fünftes Buch: Tizian, Correggio und das Ende der Renaissance. Mit 69 Abbildungen S. 669—814. Mk. 3.—. — Leipzig, E. A. Seemann, 1897. (KGED. Nr.2—6). S. Nr. 1248. 1607.

Pisa, Documenti sulla Università di .... nel secolo XV. [Hgg. v.] Alessandro d'Ancona. Pisa, Tipogr. Francesco Mariotti, 1897. 14 S. (Nozze Supino-Finzi, XIV Giugno MDCCCXCVII). 1608.

Redewendungen aus den Übungsbüchern von Dr. G. Ploetz. (Teil I, II, III), zusammengestellt von Dr. O. Gutsche. Breslau, Trewendt u. Granier (Alfred Preuss), 1897. 48 S. 1609.

Poésies françaises. Sammlung französ. Gedichte für höhere Schulen. Von Prof. Dr. F. J. Wershoven. Berlin, R. Gärtner, 1897. VII, 181 S. Geb. Mk. 1.60. 1610.

Poggi, Francesco [Prof. nel R°. Ginnasio di Mortara], Usi natalizi, nuziali e funebri della Sardegna. Mortara-Vigevano, Premiata tipografia A.Cortellezzi, 1897. 121S. L. 1. 1611.

Polacco, Prof. Dr. Luigi, Segnapagine danteschi [6 Tafeln].—Tavola sinottica della Divina Commedia. formata dai segnapagine danteschi del Prof. Dr. Luigi Polacco. [Eine sechsspaltige Tafel.] Milano, U. Hoepli, o. J. [1897. Zusammen:] L. 1.— 1612.

Les Prosateurs de la Suisse française. Morceaux choisis et notices biographiques par V. Tissot et S. Cornut. Lausanne, E. Payot, 1897. VI, 391 S. Fr. 3.50. 1613.

Proverbi vastesi raccolti ed annotati da Luigi Anelli. Vasto, Società editrice L. Anelli, 1897. 15 S. 1614.

Publications of the Modern Language Association of America, edited by James W. Bright, Secretary of the Association. Vol X, Nr. 2 — New Series, vol. III, Nr. 2. Baltimore, published by the Association, printed by John Murphy & Company, 1895. Enthält u. A.: Elizabethan translations from the Italian: the titles of such works now first collected and arranged, with Annotations. By Mary Augusta Scott. Fortsetzung u. A. in Vol. XI, Nr. 4 — New Series, vol. IV, Nr. 4. 1615.

Raoul von Houdenc, Meraugis von Portlesguez. Altfrz. Abenteuerroman. Zum 1. Mal nach allen Hss. hgg. v. Dr. Mathias Friedwagner. Mit Unterstützung der Kais. Ak. der Wiss. in Wien. Halle, Niemeyer, 1897. XC, 295 S. Mk. 10.—. (Raoul von Houdenc, Sämtliche Werke, I.) 1616.

Rasi, Luigi, I Comici italiani. Fascicolo 23°—24°, 1897 (fälschlich 1894); 25, 1897 (fälschlich 1895). (S. Nr. 756.) 1617.

Reforgiato, Vincenzo, Il classicismo nelle poesie di Vincenzo Monti e di Ugo Foscolo. Catania, Fr. Gàlati, 1897. 1618.

Regnaud, Paul, prof. de sanscrit et de grammaire comparée à la Faculté des Lettres de Lyon, Comment naissent les Mythes. Les sources védiques du petit Poucet; la légende hindoue du Déluge; Pūruravas et Urvaci. Avec une lettre-dédicace à M. Gaston Paris et un Appendice sur l'état actuel de l'Exégèse védique. Paris, Félix Alcan, 1898. XX, 251 S. Fr. 2.50. 1619.

La Revue Félibréenne. Douzième année. Publication littéraire, franco-

provençale. Sous la Direction de M.
Paul Mariéton, chancelier du Féli-
brige. Tome XII. Nr. 7—12. Juillet-
Décembre 1896. Paris, Bureaux et
Administration 9, Rue Richepanse,
1896.   1620.
The History of Reynard the Fox,
with some account of his friends
and enemies, turned into English
verse by F. S. Ellis. With illustra-
tive devices by Walter Crane.
London, David Nutt, 1897. XI, 289 S.
Sh. 6.—.   1621.
Rigutini, Giuseppe, und Bulle,
Oskar, Neues ital.-deutsch. und
deutsch-ital. Wörterbuch. Dreizehnte
Lfg. 1897. (S. Nr. 859, 1295.) 1622.
Robertson, John M., Montaigne and
Shakspere. London, The University
Press, 16, John Street, Bedford Row,
W. C. 1897. 169 S. Sh. 5.—. 1623.
Rötteken, Hubert, Dr. phil., Privat-
Docent a. d. Univ. Würzburg, Über
Aesthetische Kritik bei Dichtungen.
Ein Vortrag. S.-A. aus AZB. Nr. 114
u. 115 vom 21./22. Mai 1897. Würz-
burg, Ballhorn & Cramer, 1897.
36 S. Mk. —.80.   1624.
Rousseaus ausgewählte Werke in
sechs Bänden. Übersetzt von J. H.
G. Heusinger. Mit einer Ein-
leitung von Ph. Aug. Becker. Erster
Band. Bekenntnisse. I. Stuttgart,
Cotta. CBW. 292 S.   1625.
Rousselot, L'abbé, Prof. à l'École
libre des Hautes Études (Institut
Catholique), Directeur du Laboratoire de Phonétique expérimentale
du Collège de France. Principes de
Phonétique Expérimentale. Ouvrage
couronné par l'Institut (Prix Volney).
Première Partie. Éléments acousti-
ques de la parole. — Moyens natu-
rels d'observation et d'expérimen-
tation. — Moyens artificiels d'expéri-

mentation. — Analyse physique de
la parole (timbre). — Organes de
la parole. Paris & Leipzig, H. Welter,
1897. 820 S.   1626.
Saintsbury, George, Prof. of Rhe-
toric and English Literature in the
Univ. of Edinburgh, A short History
of French Literature. Oxford, Clarendon Press, 1897. XV, 636 S.
10 Sh. 6.   1627.
Salomone-Marino, Salvatore, Co-
stumi ed usanze dei Contadini di
Sicilia. Delineati da . . . . Palermo,
Remo Sandron, 1897. VII, 430 u.
8 S. L. 4.—   1628.
Saltsmann, Hugo, Oberlehrer, Die
innere Einheit in Li Coronemenz
Loois. Pr. des Realprogymn. zu
Pillau, 1896/97. Königsberg i/Pr.,
Hartung, 1897. Pr. Nr. 21. 44 S.
4°.   1629.
Sattler, Anton, Weltpriester u. Prof.
am Fürstbischöfl. Gymn. in Graz,
Die religiösen Anschauungen Wolf-
rams von Eschenbach. Graz, Univers.-
Buchdr. u. Verlag „Styria", 1895. XI,
112 S. Mk.3.30. (GSDPh.1 Hft.) 1630.
Sauer, Carl Marquard, Ital. Konver-
sations-Grammatik zum Schul- und
Privatunterricht. Neu bearb. v. G.
Cattaneo, Dozent der ital. Sprache
an der kgl. techn. Hochschule u. an
den beiden kgl. humanist. Gymn.
in Stuttgart. 10. Aufl. Heidelberg,
J. Groos, 1898. — Methode Gaspey-
Otto-Sauer. VIII,440 S. M.3.60. 1631.
Scandone, Dott. Francesco, Prof.
nel R. Ginnasio-Liceo „Genovesi"
di Napoli, Appunti biografici sui due
rimatori della scuola siciliana Ri-
naldo e Jacopo di casa „D'Aquino."
(Con appendice di XLVIIII Documenti, quasi tutti inediti.) Napoli,
Stab. tipogr. F. Raimondi, Sanse-

verino 1, 1897. 45 S. (Nur in 200 Exempl. gedruckt.) 1632.

Scartazzini, G. A., Dr., Enciclopedia Dantesca. Vol. II, (Parte prima). M-R. L. 6.25. (8. Nr. 1327.) 1633.

Schiess, T., Rhetia. Eine Dichtung aus dem sechzehnten Jahrhundert von Franciscus Niger aus Bassano. Übersetzt, mit erklärenden Anmerkungen und einer Einleitung über Leben und Werke des Autors versehen. Beilage zum Kantonssch.-Pr. 1896/97. Chur, Druck von Manatschal, Ebner & Cie. 1897. 4°. 75 S. 1634.

Schmid, D., Dr. phil. (Wien), William Congreve, sein Leben und seine Lustspiele. Wien und Leipzig, W. Braumüller, 1897. VIII, 179 S. M.4.—WBETh, VI. 1635.

Schmidt-Beauchez, Prof. Louis, Die Kunst die französ. Sprache in Wort und Schrift nach der naturgemässen Hör- und Sprechmethode (auf Grundlage des Lautes, nicht des Buchstaben) leicht, schnell und gründlich durch Selbstunterricht zu erlernen. Mit zahlreichen Vocabeln-, Gehör-, Conversations- u. Übersetz-Übungen, Tabellen, französischen Lesestücken und Correktur der Übungen. 4. Aufl. Wien, Pest, Leipzig, A. Hartleben, o. J. [1897]. XII, 108 S. und 2 Tabellen. Geb. 1 fl. 10 kr. = 2 Mk. (Die Kunst der Polyglottie. Eine auf Erfahrung gegründete Anleitung, jede Sprache in kürzester Zeit und in Bezug auf Verständnis, Conversation u. Schriftsprache durch Selbstunterricht sich anzueignen. Zweiter Teil.) 1636.

Schmitt, E., Licencié ès lettres, OberL a. D., Französische Grammatik für die oberen Klassen höherer Lehranstalten. Strassburg i. E., Strassburger Druckerei und Verlagsan-

stalt, vorm. R. Schultz & Co. VIII, 351 S. Mk. 2.50. 1637.

Schneider, Heinrich, aus Erlangen, Die Casus, Tempora und Modi bei Commodian. Erl. Diss., 1889. Nürnberg, Schärtel (Fritz Walz). 35 S. 1638.

Segebade, Dr. J., Vergil als Seemann. Ein Beitrag zur Erklärung und Würdigung des Dichters. Beil. zum Pr. des Ghzgl. Gymn. in Oldenburg, Ostern 1895. Druck von Gerhard Stalling in Oldenburg, 1895. 19 S. 1639.

Sensine, Henri, Chrestomathie française du XIXe. siècle (Prosateurs). Lausanne, F. Payot, 1898. XVI, 664 S. Fr. 5.—. 1640.

Sergi, G., Ursprung und Verbreitung des Mittelländischen Stammes. Mit 30 Abbildungen im Texte, zwei Karten und einem Anhang: Die Arier in Italien. Autoris. Übers. von Dr. A. Byhan. Leipzig, Wilhelm Friedrich, 1897. VIII, 1638. M. 5. 1641.

Spielhagen, Friedrich, Neue Beiträge zur Theorie und Technik der Epik u. Dramatik. Leipzig, L. Staakmann, 1898. XIV, 359 S. 1642.

Spoelberch de Lovenjoul, Vicomte de, Études Balzaciennes. Autour de Honoré de Balzac. Paris, Calmann Lévy, 1897. XIV, 294 S. Fr. 3.50. 1643.

Steffler, Gustav, Oberl. an der Kaiser-Friedrichs-Realschule in Emden, Die wichtigsten Regeln der französischen Grammatik. Für den Unterricht zusammengestellt. Emden, Druck von Conr. Zorn, Herm. Tapper's Nachf., 1897. 54 S. 1644.

Stengel, E., Philologischer Kommentar zu der französ. Übertragung von Dantes Inferno in der Hs. L. III 17 der Turiner Universitätsbibliothek. Supplément zu: Les plus anciennes

6*

Traductions françaises de la Divine
Commédie publiées par C. Morel.
Paris, H. Welter, 1897. 175 S. 1645.
Stein, Friedrich, Dr., Justizrath und
Bibliothekar zu Schweinfurt, Die
Urgeschichte der Franken u. die
Gründung des Frankenreiches durch
Chlodwig. Mit einer Karte. 8.-A.
aus AHVUA, Bd. XXXIX. Würzburg,
Stahel, 1897. 220 S. Mk. 3.60. 1646.
Stern, Ludw. Chr., Die gaelische
Ballade vom Mantel in Macgregors
Liederbuche. S.-A. aus ZCPh. I
294—326. 1647.
Stern, Ludw. Chr., Die irische Hand-
schrift in Stockholm, S.-A. aus ZCPh.
I 115—118. 1648.
Stern, Ludw. Chr., Ein irisches Leben
der heiligen Margarete. S.-A. aus
ZCPh. I 119—140. 1649.
Stern, Ludw. Chr., Flannsruth. S.-A.
aus ZCPh. I 471—473. 1650.
Stier, Georg, Lehrbuch der Fran-
zösischen Sprache für höhere Mäd-
chenschulen. Fünfter Teil: Syntax.
Unterrichtsstoff für die zweite und
erste Klasse. (Siehe Nr. 803 u. 1361.)
Leipzig, F. A. Brockhaus, 1897.
XVI, 355 S. Geb. Mk. 2.50. 1651.
Stix, Prof. J., Zum Sprachgebrauch
des hl. Hilarius von Poitiers in seiner
Schrift de trinitate. Pr. des kgl.
Gymn. in Rottweil, 1890--1891. Pr.-
Nr. 584. Rottweil, M. Rothschild,
1891. V, 49 S. 1652.
Stromer, Th., Corresp. Mitglied der
königl. Spanischen Akademie der
Künste von S. Fernando, Neues
spanisch-deutsches Wörterbuch auf
Grund des Wörterbuches der könig-
lich Spanischen Akademie. Nuevo
Diccionario español-alemán con
arreglo al Diccionario de la Real
Academia Española, por Th. Stro-
mer, Académico correspondiente de
la Real Academia de Bellas Artes
de S. Fernando. Berlin, F. A. Her-
big, 1897. XI, 828 S. Mk. 6. 1653.
Supino, J. B., Il Camposanto di Pisa.
Firenze, Fratelli Alinari, 1896. 3208.
L. 10.—. 1654
Teutsch, Michael, Lehrer der rumän.
Sprache am ev. Gymn., an der Real-
schule und Mädchenschule A. B. in
Kronstadt, und Popea, Joan, Prof.
am rumän. Gymn. in Kronstadt,
Lehrbuch der rumän. Sprache zum
Schul- u. Selbstunterricht. Kronstadt,
H. Zeidner, 1897. 251 S. Fl. 1. 1655.
Tiktin, H., Dr., Rumänisch-deutsches
Wörterbuch, Lief. 2, 1896; 3, 1897.
S. Nr. 811. 1656.
Tommaséo, Nicoló, Postille inedite
ai Promessi Sposi, precedute da
un suo discorso critico e accompag-
nate da osservazioni di G. Rigu-
tini. Firenze, R. Bemporad & figlio,
1897. VIII, 331 S. L. 3.25. 1657.
Torraca, Francesco, Manuale della
letteratura italiana compilato da....
ad uso delle scuole secondarie. Terza
edizione interamente riveduta e anno-
tata. — Vol. I, 1894: Parte 1, Secolo
XIII, 96 S·, L. 1.—; Parte 2, Sec.
XIV, S. 97—402, L. 2.—; Parte 3,
Sec. XV, S. 404—583, L. 1.50. —
Vol. II, 1895: Sec. XVI, 435 S.,
L. 3.50. — Vol. III, 1897: Parte 1,
Sec. XVII, 156 S., L. 1.20; Parte 2,
Sec. XVIII, S. 157—353, L. 1.20;
Parte 3, Sec. XIX, S. 355—658,
L. 1.60. — Firenze, G. C. San-
soni. 1658.
Der Trojanische Krieg. Fran-
zösische Handzeichnungen zu Wand-
teppichen aus dem XV. Jahrh. Acht
Tafeln [43¹/₂ × 60 cm, in Mappe]
mit erläuterndem Text [4°, 32 S. u.
4 Tafeln] von Dr. Paul Schumann.

Dresden, Adolf Gutbier, 1898. Mk. 45.
Ex. Nr. 104. 1659.

Ulrich, Jacob, Dr., Prof. der roman. Sprachen an der Univ. Zürich, Altoberengadinische Lesestücke. Zusammengestellt und mit einem Glossar versehen. Zürich, Albert Raustein, 1898. V, 116 S. Mk. 2.80. 1660.

Varnhagen, Hermann, Commentariolum de bello in Italia superiori A. D. 1522 gesto. Erlanger Rektoratsprogr. 8. Nov. 1897. Fr. Junge. 20 S., 4°. S. Nr. 464. 1661.

Vatielli, Francesco, Focara. Nota dantesca. Pesaro, Coi tipi di Gualterio Federici. MDCCCLXXXXVII. 18 S. 1662.

Verdaguer, Jacinto, Atlantis. Deutsch von Clara Commer. Mit einer biograph. Vorrede und erklärenden Anmerkungen von Lic. Fr. von Tessen-Węsierski. Nebst Bilduis u. Schriftprobe von Verdaguer. Freiburg i./B., Herder, 1897. XV, 195 S. Mk. 2. 40. 1663.

Vidal. F., La cadiero e lou teatre en paralèle pèr lou mantenemen e l'ensegnamen de la lengo. Coumunicacieu facho au Coungrès d'Avignoun 22 de setèmbre 1896. A-z-Ais, Empremarié A. Makaire, Carriero Thiers, 2. 1896. 15 S. 1664.

[Vidal, F.], Cantadis Sestian, a Fèlis Faure, Presidènt de la Republico. — Cantate Sextienne à Félix Faure, Président de la Rèpublique. — 8 de mars 1896, à-z-Ais. Ais-de-Prouvènço, empremarié felibrenco J. Remondet, Cous Mirabèu, 53. Chabi 10 cent. 1665.

Vising, Johan, Om Språkskönhet. Göteborg, Wald. Zachrissons Boktryckeri. Umschlag: Wettergren & Kerber, 1897. (Göteborgs Högskolas Årsskrift 1897. IX.) 47 S. 1 kr. 1666.

Vossler, Karl, Das deutsche Madrigal, Geschichte seiner Entwickelung bis in die Mitte des XVIII. Jahrhunderts. Weimar, E. Felber, 1898. XI, 163 S. M. 3.50. LF., VI. Hft. 1667.

Scalfari, Eugenio, Vox populi...... Saggio di sonetti in dialetto calabrese con prefazione intorno al sonetto e note. Monteleone, Tipografia Francesco Raho, 1897. L. —.50. 1668.

The Voyage of Bran [u. s. w. S. Nr. 1403]. Vol. II: The Celtic Doctrine of Re-birth by Alfred Nutt; with Appendices: the Transformations of Tuan Mac Cairill, the Dinushenchas of May Slecht, Edited and Translated by Kuno Meyer. London: David Nutt, in the Strand, 1897. XII, 352 S. (Grimm Library Nr. 6.) Sh. 10.6 1669.

Wahlund, Carl, IXe Siècle. 1. Serments de Strasbourg. 2. Prose de sainte Eulalie. 3 S. Xe Siècle. 1. Fragment d'une homélie sur le prophète Jonas. 2. La Passion du Christ. 3. Vie de saint Léger. 3 S. [Upsala, Edv. Berlings boktryckeri 1887.] 1670.

Weigand, Gustav, Professor, Kördsch- und Marosch-Dialekte. Leipzig, Joh. Ambrosius Barth (Arthur Meiner), 1897. VI, 87 S. Mk. 2.—. [8.-A. aus Vierter Jahresber. des Instit. f. Rumänische Sprache (Rumän. Sem.) zu Leipzig. S. 250—236.] 1671.

Methode Weisenthal-Reinbardt, Französ. Selbstunterrichtsbriefe für Kaufleute u. Gewerbetreibende, für Anfänger wie für Fortgeschrittenere. Complet in 8 Kursen von je 10 Briefen. Frankfurt a. M. 8., Verl. d. Methode Weisenthal-Reinbardt, o. J. [1897]. 245 S. Mk. 8.50. 1672.

Methode Weisenthal-Reinhardt, Selbst-Unterricht unter besonderer Berücksichtigung der Sprache des Handels und Verkehrs. Spanisch. Complet in 30 Briefen. Frankfurt a. M., Verlag Weisenthal-Reinhardt, o. J. [1897]. Mk. 8.50. [Bisher erschienen Brief 1—10.] 1673.

Wershoven, Prof. Dr. F. J., Poésies, françaises. Sammlung französischer Gedichte für höhere Schulen. Berlin, 1897. Gaertner. VIII, 181 S. 1674.

de Winckels, Federico Gilbert, [avvocato]. Vita di Ugo Foscolo con prefazione del prof. Francesco Trevisan. Volume I, con tre ritratti e il disegno della casa ove nacque il Foscolo. Verona, II. F. Münster, G. Goldschagg succ., 1885. XXIII, 343 S. L. 4.—. — Vol. II Verona, a spese dell'autore, 1892. XI, 339 S. L. 4.—. — Vol. IIIº ed ultimo. Verona, a spese dell'autore, 1898. XI, 198 S. L. 4.—. (Auf dem Umschlag: L'intera opera si vende presso l'Autore in Verona Via Scrimiari N. 2 al prezzo complessivo di lire 10 anticipate per Cartolina vaglia e sarà spedita franca di posta...). 1675.

Witte, Dr. Hans, in Strassburg i. E., Zur Geschichte des Deutschtums im Elsass und im Vogesengebiet. Mit einer Karte. Stuttgart, J. Engelhorn, 1897. M. 7.60. FDLVK X 4. 1676.

Wohlfahrt, Dr. Th., Über die offene oder geschlossene Aussprache der Vokale E u. O im Italienischen. Pr. des k. Luitpold-Gymn. in München für das Studienjahr 1896/97. München, Buchdr. v. J. B. Lindl., 1897.35 S. 1677.

Wolfram von Eschenbach, Parzival. Neu bearb. von Wilhelm Hertz. Stuttgart, Cotta, 1898. VII, 558 S. Mk. 6.50. 1678.

Zamboni, Filippo, Gli Ezzelini Dante e gli schiavi (Roma e la. schiavitù personale domestica). Studj storici e letterarj. Nuova ediz. riveduta dall'Autore, con documenti inediti, ricca bibliografia sulla schiavitù e memorie autobiografiche d. A. Firenze, Tipografia di Salvatore Landi, Direttore dell'Arte della Stampa, 1897. CLXXXVI, 5/6 S. L. 5. 1679.

Zerolo, Elías, Legajo de varios. Cairasco de Figueroa y el empléo del verso esdrújulo en el siglo XVI; la lengua, la Academia y los Académicos; Usurpaciones de Inglaterra en la Guayana venezolana; ensayos literarios, cuentos y otras cosas. Paris, Garnier hermanos, 1897. VII, 420 S. 1680.

Zingerle, Wolfram v., Ein Tristan-Fragment in Tirol. S.-A. aus RF. X, 4. Erlangen, Fr. Junge, 1897. 1681.

Zubatý, Josef, Über gewisse Genitivendungen des Lettischen, Slavischen und Altiudischen. Prag, Verlag d. k. böhmischen Ges. d. Wissensch. In Commission bei Fr. Řivnáč, 1897. SBBGW. Cl. f. Philosophie, Geschichte und Philologie. XVII, 27 S. 1682.

Zubatý, Josef, Zu den altindischen männlichen -ĭ-Stämmen. Prag, Verl. d. k. b. Ges. d. Wiss. In Comm. bei Fr. Řivnáč, 1897. SBBGW. Cl. f. Philos., Gesch. und Philol. XIX, 25 S. 1683.

Nachtrag zu S. 4f. Als neue Mitarbeiter des Romanischen Jahresberichtes sind seit Druck der Bogen 1—4 hinzugekommen:

Prof. Paolo Bellezza, Milano.

Prof. Ildebrando Della Giovanna, Roma.

Dr. A. Farinelli, Privatdozent an der Universität Innsbruck.

Geh. Reg.-Rat Prof. Dr. W. Foerster, Bonn.

Prof. Egidio Gorra, Pavia.

Dr. Gottfried Hartmann, Privatdozent an der Universität München.

Hubert Pernot, Répétiteur à l'École des Langues Orientales Vivantes, Paris.

Dr. Karl Reuschel, Gymnasiallehrer an der Dreikönigsschule, Dresden-A.

Francisco de A. Rierola, Barcelona.

Julien Vinson, Docteur ès Lettres, Prof. à l'École Spéciale des Langues Orientales Vivantes, Paris.

Dr. Georg Arnold Wolff, Secretär an der kgl. Universitäts-Bibliothek in München.

Nachtrag zu S. 64a: Nr. 1899 ist 1896 erschienen.

Inhalt.

www.ingramcontent.com/pod-product-compliance
Lightning Source LLC
Chambersburg PA
CBHW021419090426
42742CB00009B/1190